Die Auswirkungen der Niedrigzinspolitik der Europäischen Zentralbank auf deutsche Banken

Malik Boysen

Bibliografische Information der Deutschen Nationalbibliothek:

Die Deutsche Nationalbibliothek verzeichnet diese Publikation in der Deutschen Nationalbibliografie; detaillierte bibliografische Daten sind im Internet über http://dnb.d-nb.de abrufbar.

ISBN: 9783346253095
Dieses Buch ist auch als E-Book erhältlich.

© GRIN Publishing GmbH
Nymphenburger Straße 86
80636 München

Druck und Bindung: Books on Demand GmbH, Norderstedt Germany
Gedruckt auf säurefreiem Papier aus verantwortungsvollen Quellen

Das vorliegende Werk wurde sorgfältig erarbeitet. Dennoch übernehmen Autoren und Verlag für die Richtigkeit von Angaben, Hinweisen, Links und Ratschlägen sowie eventuelle Druckfehler keine Haftung.

Das Buch bei GRIN: https://www.grin.com/document/926023

Inhaltsverzeichnis

Abbildungsverzeichnis

Abkürzungsverzeichnis

ABS	=	Asset-Backed Securities
CDO	=	Collateralized Debt Obligation
CRR	=	Capital Requirement Regulation
ESZB	=	Europäisches System der Zentralbanken
EWI	=	Europäisches Währungsinstitut
EZB	=	Europäische Zentralbank
FMSA	=	Bundesanstalt für Finanzmarktstabilisierung
GuV	=	Gewinn-und-Verlustrechnung
Haspa	=	Hamburger Sparkasse
KWG	=	Kreditwesengesetz
MBS	=	Mortgage-Backed Securities
MiFID	=	Markets in Financial Instruments Directive
MiFIR	=	Markets in Financial Instruments Regulation
Mio.	=	Millionen
Mrd.	=	Milliarden
SPV	=	Special Purpose Vehicles
USD	=	US Dollar

1 Einleitung

1.1 Problemstellung

„Banking is necessary, banks are not".[1] Mit diesem Zitat gab der Gründer von Microsoft Bill Gates 1994 ein kritisches Statement ab, welches in der damaligen Zeit noch belächelt wurde, in der heutigen Zeit mit einer hohen Konkurrenz im Bankensektor eine ganz neue Bedeutung erfährt. Ausgelöst durch die Finanzkrise herrscht in Deutschland ein Niedrigzinsniveau, was sich sowohl bei Kreditinstituten als auch Privatanlegern bemerkbar macht. Hierbei handelt es sich um eine Maßnahme der Europäischen Zentralbank, um die Krise zu überwinden. Mit einem historisch niedrigen Zins und ersten Negativverzinsungen für Anleger, sieht sich das Geschäftsmodell des klassischen Zinsgeschäfts der Banken mit neuen Herausforderungen konfrontiert. Um auch weiterhin erfolgreich und wettbewerbsfähig am Markt zu wirtschaften, ist es für deutsche Banken essentiell, auf die veränderten Marktbedingung der heutigen Zeit einzugehen.[2] Dies umfasst neben dem Zinsniveau auch das Vertrauen der Kunden in die Banken und die Anlageentscheidungen von privaten und institutionellen Investoren. Weiterhin werden die Banken vor die Entscheidung gestellt, die Kosten aufgrund der Niedrigzinsen auf Kunden umzulagern. Durch diese Gegebenheiten ist das Instrument der Europäischen Zentralbank, in die Zinsentwicklung einzugreifen, in der Kritik, da Unternehmen mit einem Monopol besser auf die Situation reagieren und dadurch ein gehemmtes Wachstum aufgrund von Innovationsstillstand erzeugen können.[3]

Aufgrund neuer Richtlinien zur Prävention weiterer Krisen sehen sich die Banken in einem stark regulierten Markt. Diese Richtlinien werden von der Europäischen Union festgelegt und national umgesetzt, was mit einem erheblichen Mehraufwand und Kosten für Banken verbunden ist. Strengere Richtlinien zur Kapitalquote bedeuten für die Banken einen kleineren Spielraum zum Wirtschaften, da stark risikogewichtete Geschäfte mit hohem Eigenkapital hinterlegt werden müssen. Dies kann zu einer Auslagerung der Risikogeschäfte in Unternehmen führen, die staatlich nicht reguliert sind.[4] Des Weiteren ist die Konkurrenz durch Unternehmen im Zahlungsverkehr, die auf einzelne Bankleistungen fokussiert sind, gestiegen und diese können durch ein gesunkenes Vertrauen in Banken gezielt Kunden abwerben. Viele Kunden haben kaum einen Bezug zu ihrer Hausbank und würden die Bank wechseln, wenn diese ein Produkt

---

[1] Vgl., *Kock, A.,* Herausforderung FinTechs, 2016
[2] Vgl. *Ehrensberger, W.,* Gift für das Wachstum, 2016, S. 12
[3] Vgl. *Smith, N.,* Low Interest Rates, 2019
[4] Vgl. *Hellmich, M.,* Konsolidierung des Bankensektors, 2016

1

anbieten, was innovativ ist und die Bedürfnisse des Kunden anspricht. Dies sind unter anderem Produkte von großen Technologieunternehmen wie Apple, Google, Amazon, Paypal oder Square.[5]

1.2 Forschungsfrage und Zielsetzung

Aufgrund der Niedrigzinspolitik der EZB ist das klassische Geschäftsmodell der Kapitalvermittlung beeinträchtigt, was sich in den Bilanzen wiederspiegeln kann. Eines der Geschäftsfelder einer Bank besteht im Leihen von Kundengeldern gegen einen Einlagezins und im Verleihen in Form von Krediten, sodass diese maßgeblich von einer Zinsentscheidung der EZB abhängen. Die vorliegende Arbeit befasst sich mit den Auswirkungen dieser Niedrigzinspolitik im deutschen Bankensektor. Hierbei geht es einerseits um Auswirkungen auf ausgewählte Bilanzpositionen, die im Zusammenhang mit dem Eigenkapital, der Forderungen und Verbindlichkeiten sowie der Liquidität stehen, und andererseits um die Entwicklung des Geschäftsmodells allgemein. Hierzu werden die ausgewählten Banken Hamburger Sparkasse AG sowie die Commerzbank AG betrachtet. Ziel der Arbeit ist es, eine Entwicklung in den Bilanzpositionen festzustellen und mögliche Zusammenhänge aufzuzeigen. Neben dem Zinsniveau spielen das Vertrauen der Kunden und der technologische Fortschritt für Banken eine ernstzunehmende Rolle, sodass anhand möglicher Entwicklungen der Geschäftsmodelle untersucht wird, wie Banken mit den Herausforderungen des Marktes umgehen.

1.3 Aufbau und Methodisches Vorgehen

Die Europäische Zentralbank ist ein offizielles Organ der Europäischen Union und hat mehrere Möglichkeiten, in die Marktwirtschaft in Europa einzugreifen. Zunächst werden die grundsätzliche Relevanz und die Maßnahmen der Europäischen Zentralbank erläutert. Anschließend werden die gesetzlichen Anforderungen an das Eigenkapital und die Risikobewertung von Banken vor der Finanzkrise in 2008 beleuchtet. Hierbei ist es wichtig, ein grundsätzliches Verständnis zu schaffen, wie Banken arbeiten und welche Rolle für sie das Risiko sowie das Eigenkapital spielen. In diesem Zusammenhang werden die Ursachen der Finanzkrise dargelegt und die chronologische Kausalkette von deren Verlauf erklärt. Beginnend mit der Kreditvergabe im Immobiliensektor der USA, über das Platzen der Immobilienblase hinaus bis hin zu einer Krise der gesamten Weltwirtschaft. Es werden die einzelnen Akteure der Finanzkrise beleuchtet, die an der Bewertung, Vergabe und Ausgestaltung der Kredite beteiligt sind. Daraus werden im

---

[5] Vgl. *Thun, C.,* Geschäftsmodell Bank, 2016, S. 2

darauffolgenden die Maßnahmen der Europäischen Union abgeleitet, die die Anleger und die Staaten schützen sollen, damit Frühwarnsignale einer Krise besser erkannt werden können.

Um den praktischen Teil einzuleiten werden Grundlagen ausgewählter Bilanzpositionen erläutert und deren aktuelle Relevanz in Bezug auf die Auswirkungen der Finanzkrise sowie in diesem Zuge die Niedrigzinspolitik der Europäischen Zentralbank herzustellen. Hier werden bereits erste Hypothesen aufgestellt, die im Rahmen der Niedrigzinspolitik auf die spätere Forschung aufgegriffen und überprüft werden. Im Anschluss an die theoretischen Grundlagen werden im Rahmen dieser Arbeit zwei Banken untersucht, die in unterschiedlichen Geschäftsgebieten agieren und sich einerseits in Größe und Strategie unterscheiden sowie andererseits systemisch mehr oder weniger relevant für den Interbankenmarkt sind. Da sich beide in derselben Branche befinden und eine Banklizenz besitzen, sind beide von den aktuellen Maßnahmen der Europäischen Zentralbank betroffen. Anhand qualitativer Daten aus sekundären Quellen werden die ausgewählten Bilanzpositionen in den Jahresabschlüssen der jeweiligen Banken untersucht und im Rahmen einer elfjährigen Zeitspanne in einem externen Dokument tabellarisch aufbereitet und anschließend als Grafiken in die Arbeit aufgenommen. Anhand der Entwicklung der Positionen innerhalb der Spanne, kann möglicherweise ein Trend oder eine Korrelation festgestellt werden, da hier ebenfalls die Nachwirkungen längerer Laufzeiten berücksichtigt werden, die nicht direkt nach einer Krise in der Bank festzustellen sind, sondern sich erst nachgelagert auf die Bilanz auswirken. Durch die gewonnenen Erkenntnisse werden die Hypothesen überprüft und Gründe für mögliche falsche Annahmen wissenschaftlich erklärt. Zum Abschluss der Arbeit wird ein Fazit zu den Ergebnissen gezogen und ein Ausblick auf die Entwicklung der Bankenbranche gegeben. Dies geschieht sowohl unter den Gesichtspunkten der Bilanzpositionen als auch dem veränderten Kundenverhalten in der sich stetig wandelnden Bankenwelt.

2 Geldpolitik und gesetzliche Bestimmungen in Europa

2.1 Die Europäische Zentralbank

2.1.1 Entstehung und Gründe für die Relevanz einer Europäischen Zentralbank

Zentrales Banking war immer gleichbedeutend mit dem Ausgeben und Verwalten von nationalen Währungen. Eine nationale Währung war ein unverzichtbarer Teil von nationaler Unabhängigkeit. Banknoten spielten im Vergleich zu Gold und Silbermünzen eine zunehmend wichtigere Rolle im Kreislauf des Geldes und erlangten damit einen hohen Stellenwert in der Kultur. Als Zahlungsmöglichkeit im modernen Wirtschaftsleben nahm dementsprechend auch die Wichtigkeit der Zentralbank zu und die Steuerung der Geldpolitik wurde zum essentiellen Teil der Wirtschaftspolitik.[6]

Im Rahmen der Wirtschafts- und Währungsunion (WWU) und der Zusammenarbeit von europäischen Mitgliedsstaaten in Europa wurde am 01.01.1994 das Europäische Währungsinstitut (EWI) errichtet, welches die Kommunikation zwischen den Zentralbanken stärken sollte. Da es nur vorübergehend war, zählte die Durchführung der Geldpolitik in Europa und Devisenmarktintervention nicht zu den zentralen Aufgaben des EWI und war den Zentralbanken der Mitgliedsstaaten vorbehalten. In dieser Übergangszeit war eine der Aufgaben die Koordination der Zentralbanken und die Sicherstellung der engen Zusammenarbeit in Hinblick auf die spätere Gründung der Europäischen Zentralbank und erste Vorarbeiten zu Wechselkursmechanismen. Ein weiterer wichtiger Bestandteil in den Aufgaben des EWI waren die Vorbereitungen auf die Gründung der Europäischen Zentralbank und eine damit einhergehende zentrale Geldpolitik sowie eine gemeinsame Währung. 1996 präsentierte der EWI erstmals die neuen Banknoten, die seit der Einführung des Euros am 01.01.2002 als offizielles Zahlungsmittel dienen. Der Rat der Europäischen Union stellte am 02.05.1998 die ersten Mitgliedsstaaten vor, die alle Voraussetzungen zur Einführung einer gemeinsamen Währung zum 01.01.1999 erfüllten. Diese Mitgliedsstaaten waren Belgien, Deutschland, Spanien, Frankreich, Irland, Italien, Luxemburg, die Niederlande, Österreich, Portugal und Finnland. Im gleichen Zuge wurden die ersten Wechselkurse erstellt, welche ab der Einführung des Euros galten. Mit Abschluss dieser Aufgaben und der Errichtung der Europäischen Zentralbank am 01.06.1998 wurde das EWI aufgelöst.[7]

Mit der europäischen Zentralbank wurde eine überstaatliche Institution geschaffen, die in ihrer Tiefe und der Einführung des Euros eine ähnliche Identität in nationalen Gefügen erhalten hat

---

[6] Vgl. *Scheller, H.,* European Central Bank, 2006, S. 12
[7] Vgl. *Europäische Zentralbank,* Gründung EZB, 2019, o.S.

4

wie zuvor die eigene Währung. Des Weiteren ist die europäische Zentralbank die Verkörperung von modernem zentralen Banking, da die Objektivität in Hinblick auf die Geldpolitik eine unabhängige Preisstabilität gewährleistet. Die zwölf Mitgliedsstaaten, die Stand 2006 den Euro als offizielles Zahlungsmittel angenommen haben, repräsentierten bereits zwei Drittel der EU-Bevölkerung mit einer geplanten Erweiterung der anderen EU-Mitgliedsstaaten zu gegebener Zeit. [8]

2.1.2 Ziele, Aufgaben

Die wichtigsten Aufgaben des Europäischen Systems der Zentralbanken (ESZB) sowie des Eurosystems sind im Vertrag der Arbeitsweise der Europäischen Union festgehalten. Das vorrangige Ziel der Europäischen Zentralbank ist die Wahrung der Preisstabilität in den Euro-Ländern.[9] Dass eine Preisstabilität in das Abkommen aufgenommen wurde, ergibt sich aus praktischen Erfahrungen der vergangenen Jahre, in denen viele wissenschaftliche Studien belegen, dass Geldpolitik eine entscheidende dabei Rolle spielt, das Wachstum der Wirtschaft und des Lebensstandards der Bevölkerung zu erhöhen. Durch die Preisstabilität kann die Bevölkerung einfacher Unterschiede wahrnehmen und es wird eine bessere Vergleichbarkeit von Investmentmöglichkeiten geschaffen. Dies gewährleistet Firmen und Kunden eine bessere Informationsgrundlage zum Konsumieren sowie Produzieren und damit eine effiziente Allokation der Ressourcen. Diese Entscheidungen helfen dem Markt, ein großes Potential in der Produktivität zu fördern. Ein weiterer Vorteil ist die Gewissheit für Investoren, dass die Preise sich in der Zukunft nicht übermäßig volatil und inflationär verhalten, sodass beispielsweise Kredite von Banken verliehen werden, ohne eine Risikoprämie für einen volatilen Geldmarkt zu veranschlagen. Dies führt zu einer optimalen Verteilung innerhalb des Geldmarktes und eine Steigerung der Gesamtwohlfahrt. Spekulanten auf physische Werte wird zudem eine Grundlage genommen, Waren einzelnen Wirtschaftsakteuren vorzuenthalten, da die Schwankungen meist nicht groß genug sind, um diese als Wertanlage zu nehmen und exorbitante Kursgewinne zu erzielen.

Zudem führt eine Stabilität in den Preisen direkt zu einer Stabilität der Politik, sodass eine hohe Inflation oder Deflation nachweislich zu einer Unruhe in der Bevölkerung und der Produktivität des Landes führen kann.[10] Ohne das Ziel der Preisstabilität zu beeinträchtigen, sollen die generellen wirtschaftlichen Interessen der Gemeinschaft erfüllt werden. Diese Ziele sind eine hohe

---

[8] Vgl. *Scheller, H.,* European Central Bank, 2006, S. 12
[9] Vgl. *Straubhaar, T., Vöpel, H.,* Aufgaben EZB, 2012, S. 4
[10] Vgl. *Scheller, H.,* European Central Bank, 2006, S. 46

Arbeitsbeschäftigung sowie stetiges, nicht inflationäres Wirtschaftswachstum. Laut der Europäischen Zentralbank werden diese Faktoren langfristig durch eine Preisstabilität beeinflusst, sodass sich die Auswirkungen nicht direkt bemerkbar machen aber auf lange Sicht die Gesamtwohlfahrt erhöhen.[11] Um die Strategie der Europäischen Zentralbank umzusetzen, stehen verschiedene Instrumente zur Verfügung, welche sich auf das Investitionsverhalten von Unternehmen und durch Banken auf die privaten Haushalte auswirkt.[12]

2.1.3 Instrumente der Europäischen Zentralbank

Durch eine Veränderung des Leitzinses der Instrumente zur Geldpolitik kann eine Entwicklung von Blasen entstehen, durch die exorbitant viel Kapital in einen einzelnen Markt investiert wird. Insgesamt wird mit einem niedrigen Leitzins die Verschuldung der Haushalte angeregt und eine klassische Anlage ist weniger ertragreich.[13] Die Europäische Zentralbank ist alleinige Emittentin von Banknoten und Mindestreserveguthaben der Banken, sodass eine Monopolstellung auf Zahlungsmittel sichergestellt ist. Im Eurogebiet besteht dieses Zahlungsmittel aus Banknoten und Münzen, dem Reserveguthaben von Geschäftspartnern des Eurosystems sowie die Inanspruchnahme der Einlagefazilität durch Kreditinstitute des Eurosystems. In Zeiten der finanziellen Unsicherheit kann die Europäische Zentralbank direkt reagieren und die auszugebene Geldmenge durch den Leitzins steuern und Kreditinstitute mit Liquidität zu versorgen. Durch den Leitzins kann die Europäische Zentralbank auch den aktuellen Kurs der Geldpolitik signalisieren.[14]

2.1.3.1 Mindestreserven

Zur Stabilisierung des Geldmarktes gibt es das Mindestreservesystem als Instrument der Europäischen Zentralbank. Es kann bei Bedarf eine Liquiditätsknappheit erzeugt werden, wenn Geschäftsbanken diktiert wird, wieviel Mindestreserve sie bei der Zentralbank hinterlegen müssen. Dies führt zu einem erhöhten Bedarf an Zentralbankgeld und zwingt sie dadurch, an den Refinanzierungsgeschäften des Eurosystems teilzunehmen. Die Höhe der zu hinterlegenden Mindestreserve richtet sich nach der Mindestreservebasis und ist eine Relation zu bestimmten Bilanzpositionen. In die Berechnung des Mindestreservesatzes werden beispielweise fällige Einlagen, Schuldverschreibungen und Rückkaufvereinbarungsgeschäfte mit einbezogen und

---

[11] Vgl. *Bundesbank,* Geldpolitik der EZB, 2011, S. 61 - 62
[12] Vgl. *Bundesbank,* Geldpolitik der EZB, 2011, S. 101
[13] Vgl. *Hayo, B.,* Leitzins, 2013, S. 278
[14] Vgl. *Bundesbank,* Geldpolitik der EZB, 2011, S. 101 - 102

mit einer täglichen Fälligkeit von bis zu 2 Jahren mit 2% Mindesteinlagesatz und bei langfristigen Fälligkeiten von über 2 Jahren mit 0% berechnet. Für die Kreditinstitute gibt es einen einheitlichen Freibetrag von 100.000€, der vor der Berechnung abzuziehen ist und eine Reduzierung der Verwaltungskosten zur Folge hat. Zur erfolgreichen Umsetzung müssen Kreditinstitute das Guthaben auf den Konten der Nationalen Zentralbanken unterhalten und dürfen dabei von einer Durchschnittserfüllung Gebrauch machen, die eine Periode von einem Monat betrachtet und sich an dem tagesdurchschnittlichen Reservesatz orientiert. Die Erfüllungsperioden werden drei Monate vor Beginn des Kalenderjahres von der Europäischen Zentralbank veröffentlicht. Die Verzinsung des unterhaltenden Guthabens auf den Konten der Nationalen Zentralbanken erfolgt zu einem marktnahen Zins.[15]

2.1.3.2 Offenmarktgeschäfte

Die erste Kategorie von insgesamt vier Kategorien der Offenmarktgeschäfte sind die Hauptrefinanzierungsgeschäfte, bei denen über einen kurzen Zeitraum von einer Laufzeit über eine Woche den Geschäftsbanken dezentral von den nationalen Zentralbanken Liquidität zugeführt wird. Die Vergabe von Liquidität wird entweder über den Mengentender gesteuert, bei dem die Geschäftsbanken nur ein Gebot über die Höhe an benötigter Liquidität abgeben. Bei der Variante des Zinstenders geben die Geschäftsbanken sowohl ein Angebot über die Höhe als auch den Zins ab, zu dem sie das Geschäft abschließen möchten. Bei dem Mengentender entscheidet die Europäische Zentralbank über die Höhe der auszugebenden Liquidität und verteilt diese anschließend im Verhältnis der Gebote. Beim Zinstender werden die Angebote mit den höchsten Zinsgeboten zuerst bedient.

Die zweite Kategorie bilden die längerfristigen Refinanzierungsgeschäfte, bei denen auf monatlicher Basis Liquidität über einen Zeitraum von drei Monaten ausgegeben wird. Durch die langfristige Vergabe soll vermieden werden, dass die gesamte Liquidität wöchentlichen Schwankungen ausgesetzt ist und in ihrer Gesamtheit umgeschlagen wird. Außerdem sollen Geschäftsbanken längerfristiger planen können.

Bei der dritten Kategorie handelt es sich um Feinsteuerungsoperationen, die nicht standardisiert ablaufen und bei denen je nach Bedarf die Laufzeit und Häufigkeit angepasst werden können.

---

[15] Vgl. *Bundesbank, Geldpolitik der EZB*, 2011, S. 109 - 112

Hierdurch kann flexibel auf unvorhergesehene Ereignisse oder Liquiditätsschwankungen reagiert werden. Die Vergabe erfolgt an ausgewählte Geschäftsbanken durch Schnelltender, da innerhalb einer Stunde die Abwicklung erfolgen kann.

Die vierte Kategorie bildet die strukturelle Operation, bei der beispielsweise Schuldverschreibungen der Europäischen Zentralbank ausgegeben werden und somit eine Beeinflussung des Finanzsektors hinsichtlich des Liquiditätsbedarfes herbeigeführt wird.[16]

2.1.3.3 Ständige Fazilitäten

Die ständigen Fazilitäten bieten den Geschäftsbanken eine Möglichkeit, über Nacht Geld bei der Zentralbank anzulegen oder in Form von Spitzenrefinanzierungsfazilität als Kredit zu bekommen. Die Geschäftsbanken können in eigenem Ermessen entscheiden, ob sie das Geld anlegen oder als kurzzeitigen Kredit in Anspruch nehmen möchten, wobei lediglich die Zinsen vorgegeben sind. In der Praxis bietet die Inanspruchnahme der ständigen Fazilitäten kaum einen Anreiz, da die Anlage meist unter dem Marktzins liegt. Ein Anstieg der Einlagenfazilität nahm während der Finanzkrise zu, da das Vertrauen unter den Geschäftsbanken abnahm und zu einer Abnahme der Kreditvergabe untereinander und einem Horten von Liquidität führte.[17]

2.2 Gesetzliche Risikoanforderungen an Banken vor 2008

Vor der Finanzkrise in 2008 und damit verbundenen Regulierungen zu den Eigenkapitalrichtlinien Basel III gab es mit Basel II und Basel I bereits Versionen zur Regulierung des Eigenkapitals, die nach der Finanzkrise überarbeitet wurden. Basel II ist eine Rahmenvereinbarung, die 2004 mit dem Ziel veröffentlicht wurde, die Solidität und Stabilität eines internationalen Bankenmarktes zu stützen. Die ursprüngliche Rahmenvereinbarung von Basel teilt sich in die drei Säulen Mindestkapitalanforderungen, Überprüfung durch Aufsichtsbehörden sowie Transparenz und Marktdisziplin auf.

Mit der ersten Säule im Rahmen von Basel II wurde die Grundlage von mindestens 8% Eigenkapital für Kredite weiter differenziert. Kredite der Banken werden mit Hilfe von verschiedenen Kriterien auf ihre Sicherheit überprüft und bewertet. Dies hat zur Folge, dass Kreditnehmer anhand der Bonität anders behandelt und bepreist werden, da dieses Rating die neue Bemessungsgrundlage für die Eigenkapitalreserven darstellt. Die Banken können sich aufgrund der

---

[16] Vgl. *Bundesbank,* Geldpolitik der EZB, 2011, S. 112 - 117
[17] Vgl. *Bundesbank,* Geldpolitik der EZB, 2011, S. 117 - 118

Komplexität der Kredite bei Unsicherheiten in der Bewertung an die nationale Zentralbank wenden und eine Beratung in Anspruch nehmen.[18]

Die zweite Säule bildet die Überprüfung durch Aufsichtsbehörden, bei der sichergestellt werden soll, dass die Risikoeinschätzungen der jeweiligen Bank gerechtfertigt und angemessen sind. Aufgrund der Erfahrungen mit dem qualitativen und quantitativen Kreditmanagement von Banken ist es unerlässlich, dass die Banken mit der Aufsicht in einem engen Kontakt stehen.[19]

Die dritte Säule stellt die Transparenz von Banken dar. Hierbei sollen die Eigenkapitelstrukturen offengelegt werden, um allen Marktteilnehmern die Möglichkeit zu geben, sich einen Eindruck der Kapitalstruktur zu bilden. Des Weiteren sollen die Methoden der Banken offengelegt werden, mit denen beispielsweise die Bewertung der Kredit zur Bemessung der Eigenkapitalpositionen herangezogen werden. Hierzu gehört ebenfalls eine Risikoeinschätzung verschiedener Marktszenarien und eine damit einhergehende Reflektion des Risikoprofils der Bank.[20]

3   Die Finanzkrise 2008

3.1   Ursachen und Verlauf der Finanzkrise

Über die Jahre veränderte sich der Blickwinkel auf sogenannte „Investments". Die Anlage erfolgte nicht mehr in Produktionsmittel oder Maschinen, sondern vermehrt in Geld als Ware.[21] Die USA war ein Ausgangspunkt der Finanzkrise und hatte einen Anteil von ca. 26% an der weltweiten Wirtschaftsleistung zu Beginn der Krise in 2007/2008. Durch diesen immensen Anteil haben Schwankungen und Ungleichheiten einen starken Einfluss auf die Weltwirtschaft.[22]

Eine der Hauptursachen der Finanzkrise ist die Subprimekrise, welche wiederrum aus einem Abstürzen des Immobilienmarktes und einer expansiven Immobilienfinanzierung entstand. Seit Ende der 90er Jahre waren die Immobilienpreise von einem stetigen Wachstum gekennzeichnet, wie in Abbildung 1 anhand des Case-Shiller Index zu erkennen ist. Auf der horizontalen Achse sind die Jahre 1988 bis 2012 zu erkennen und auf der vertikalen Achse die Veränderung der Preise von Einfamilienhäusern in Prozentpunkten. In die Berechnung der Entwicklung werden die meisten Staaten der USA einbezogen. Deutlich zu erkennen ist der stetige Anstieg bis in das Jahr 2007, woraufhin der Immobilienmarkt abwärts sinkt.

---

[18] Vgl. *Bank for International Settlements,* Basel II Framework, 2009, S. 1 - 2
[19] Vgl. *Bank for International Settlements,* Basel II Framework, 2009, S. 9 - 10
[20] Vgl. *Bank for International Settlements,* Basel II Framework, 2009, S. 28 - 29
[21] Vgl. *Kellermann, P.,* Soziologie des Geldes, 2014, S. 27
[22] Vgl. *Schuppan, N.,* Globale Zession, 2011, S. 18 - 19

Abbildung 1: Immobilienpreisentwicklung in den USA von 1988 bis 2012

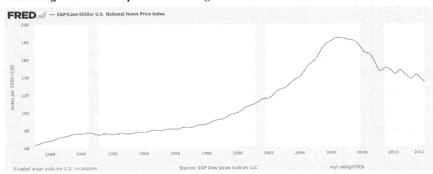

Quelle: *Standard&Poor*, Case-Shiller Index, 2019, o.S.

Durch die vor dem Absinken der Preise herrschende Überzeugung, dass Immobilien eine sichere Anlage seien, waren sowohl Kreditnehmer als auch Kreditgeber zu weiteren Investitionen bereit. Ausschlaggebend für kontinuierliche Immobilienfinanzierungen waren die Government Sponsored Enterprises Fannie Mae und Freddie Mac, die den hypothekenausgebenden Banken die Forderungen und damit verbundenen Risiken abkaufen mussten.[23] Die gekauften Forderungen wurden an den Finanzmärkten refinanziert und fanden, durch staatliche Garantien auf die Hypotheken und dadurch hohe Bonität, stetig Abnehmer. Die Hypotheken wurden in forderungsbesicherte Wertpapiere umgewandelt und anschließend als Mortgage-Backed Securities dem Finanzmarkt zugänglich gemacht. Durch diese Ausgestaltung konnte die Forderung von privaten und institutionellen Anlegern für die Vermögensvorsorge erworben werden.[24] Ab dem Jahr 2000 bis 2007 setzte eine Überbewertung und Immobilienvermögensinflation ein, welche damals als normale Entwicklung dargestellt und zusätzlich durch die Federal Reserve Bank unterstützt wurde. Als Sicherheit der Kredite wurde lediglich der Wert der Immobilie berücksichtigt, sodass andere Faktoren wie die Vermögenslage oder das Einkommen weitestgehend nicht mit einbezogen wurden. Im Falle einer Zahlungsunfähigkeit wurde die Immobilie im prognostiziert steigenden Markt verkauft und daraus die Forderung bezahlt. Sinn beschreibt diese Subprimekredite als zweitklassig oder minderwertig, sodass er sie allgemein als NINJA-Kredite definiert: No Income, No Jobs or Asset.[25]

---

[23] Vgl. *Schuppan, N.*, Globale Rezession, 2011, S. 118
[24] Vgl. *Münchau, W.*, Finanzsystem, 2008, S. 101
[25] Vgl. *Sinn, H.*, Kasino-Kapitalismus, 2009, S. 118, 129

10

Des Weiteren konnte bei sinkenden Zinsen die Hypothekenzahlung in den USA mit Vertrags-
strafen gekündigt werden. Dies geht auf eine gesetzliche Regelung für den Immobilienmarkt
zurück, sodass anschließend der Kredit zu neuen Konditionen abgeschlossen wurde.[26] In diesem Zusammenhang stellt Abbildung 2 die Zinsen in den USA unter den Präsidenten der No-
tenbank Alan Greenspan, Ben Bernanke und Janet Yellen dar. Hierbei werden auf der horizontalen Achse die Jahre 2001 bis Mitte 2017 und auf der vertikalen Achse die Zinsen im Rahmen
von 0 – 7% dargestellt. Zu erkennen ist ein Anstieg der Zinsen in den Jahren 2004 bis 2006 auf
ca. 5% mit einem folgenden Absinken auf fast 0% bis 2009.

Abbildung 2: US-Leitzinspolitik von 2001 bis 2017

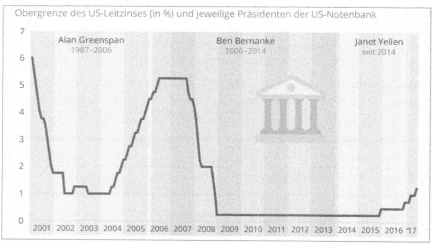

Quelle: *Loesche, D.,* US-Leitzinspolitik, 2017, o.S.

Das Absinken der Immobilienpreise in 2006, wie im Case-Shiller Index zu erkennen ist, er-
schwerte es den Immobilienkäufern, ihre fälligen Kredite zu verlängern oder zu refinanzieren,
da der Wert der Immobilie nicht mehr für eine Besicherung der Hypothek ausreichte. In Verbindung mit den zu der Zeit noch hohen Zinsen von 5%, mussten viele der Immobilien zwangs-
versteigert werden, was zu weiter sinkenden Preisen auf dem Immobilienmarkt führte. Durch
diesen Anstoß kam es zu Rückzahlungsschwierigkeiten bzw. Ausfällen der ausgegebenen
Wertpapiere, dessen Wert sich indirekt an den Immobilien orientiert.[27] Bei dem erneuten Abschließen von Hypotheken zur Anschlussfinanzierung oder nach einer Kündigung wurde häufig

---

[26] Vgl. *Sommer, R.,* Subprimekrise, 2009, S. 4
[27] Vgl. *Egidy, S.,* Finanzkrise und Verfassung, 2019 S. 25

ein höheres Kreditvolumen vereinbart, welches in den privaten Konsum lief. Dies war kurzfristig für einen Anstieg des BIP verantwortlich, langfristig führte es zu einer höheren Überschuldung der privaten Haushalte. Nach rückwirkender Prüfung der Kreditanträge wurde festgestellt, dass die Unterlagen der meisten der Subprimekredite von Kreditnehmern zweitklassiger Bonität nicht vollständig waren bzw. nicht zur Verfügung standen. Dies ist in Verbindung mit einer Finanzierung, die kurz vor der Finanzkrise teilweise bei 110% des Immobilienwertes lag und dadurch eine Untersicherung der Forderung darstellt, ein weiterer Katalysator der Krise.[28] Zudem wurden die Kredite unter Konkurrenzdruck der Banken mit einem Versprechen ausgegeben, dass die Kunden innerhalb von einer Stunde eine Rückmeldung zur Gewährung ihrer Kredite erhalten und die Auszahlung innerhalb einer Woche erfolgen würde.[29] Des Weiteren konnte eine einseitige Kündigung des Kunden durch ein formloses Schreiben und mit Beilage der Haustürschlüssel erfolgen, was den Kredit direkt zu einem notleidenden Kredit der Bank machte.[30]

Durch das Platzen der Immobilienblase und der Insolvenz der Investmentbank Lehmann Brothers am 15.09.2008, folgte eine Kettenreaktion, die eine Subprimekrise in den USA zu einer weltweiten Finanzkrise werden ließ.[31] Dies war der Fall, da die Forderungen verkauft und verbrieft dem Finanzmarkt zugänglich gemacht wurden. Durch Special Purpose Vehicles (SPV) wurden durch Banken Zweckgesellschaften gegründet, die ihnen die Forderungen günstig abkauften, jedoch ohne dabei rechtlich selbst als Banken zu gelten. Dies hatte zwei Vorteile, da zum einen die Kredite aus der Bilanz der Banken verschwanden und damit nicht von dem Baseler Abkommen berücksichtigt wurden, welches verlangte, dass für die schlechter gestellten Kredite ein hoher Anteil Eigenkapital hinterlegt werden muss, und zum anderen das Risiko auf die SPVs übertragen wurde.[32] Zusätzlich kann das bisherige und das kommende Baseler Abkommen einen beachtlichen Einfluss auf die Gründung von SPVs haben. Die schnelle Refinanzierung erlaubte es den Banken, neue Kredite auszugeben und den Finanzmarkt weiter mit Liquidität zu versorgen. Da die Zweckgesellschaften nicht als Banken galten und vom Baseler Abkommen befreit waren, wurden Sie häufig dem „Schattenbankensystem" zugeordnet.[33] Der Präsident der Bundesbank Jens Weidmann spricht bei den Schattenbanken von einem ausgelagerten Risiko der Banken und rät zu einer strengeren Überwachung, damit Risiken früh erkannt

[28] Vgl. *Schuppan, N.,* Globale Rezession, 2011, S. 121 - 125
[29] Vgl. *Münchau, W.,* Finanzsystem, 2008, S. 8
[30] Vgl. *Reifner, U.,* Die Finanzkrise, 2017, S. 17
[31] Vgl. *Wildmoser, G.,* Haftung von Ratingagenturen, 2009, S. 657
[32] Vgl. *Schuppan, N.,* Globale Rezession, 2011, S. 130
[33] Vgl. *Zimmermann, G.,* Schattenbanken, 2012, S. 109

werden können. Zusätzlich sollte es eine Regulation und Definition von Schattenbanken geben, die diese Überwachung möglich machen.[34] Die SPVs verbrieften die gekauften Forderungen der Banken aus einem Forderungs-Pool von verschiedenen Krediten in forderungsbesicherte Wertpapiere mit unterschiedlichen Risikogewichtungen. Bei einem Ausfall einer Forderung wurden die Verluste zuerst aus den untersten Tranchen bedient, die vergleichbar mit der Position des Eigenkapitals sind. Als nächstes wurde die mittlere Tranche zur Deckung herangezogen und letztendlich die oberste, wenn die unteren Tranchen restlos aufgebraucht waren. Durch das hohe Risiko der untersten Tranche wurde dementsprechend auch eine höhere Rendite ausgeschrieben und auf die oberste, die sicherste, eine niedrigere Rendite. Die Bewertung der Tranchen erfolgte durch Ratingagenturen und bewertet risikoarme Tranchen mit AAA, welches dem höchsten Rating entspricht. Ein Rating von hingegen D entsprach dem schlechtesten Rating und impliziert daher eine hohe Ausfallwahrscheinlichkeit der Tranche.[35] Eine Sonderform der Asset-Backed Securities (ABS) waren die Collateralized Debt Obligation (CDO), welche wie die SPVs eigene Zweckgesellschaften sind und bereits verbriefte Forderungen kaufen und diese anschließend in Anleihen bündelt und vorwiegend an institutionelle Anleger verkauft.[36] Durch diese Prozesse von der Kreditaufnahme des privaten Haushaltes bis hin zum Verkauf von CDOs an Anleger wird der Abstand zur Forderung immer größer und es folgt eine Intransparenz der Produkte.[37] Der Chief Operating Officer von Moody's Brian Clarkson stellte heraus , dass von dieser Intransparenz auch Ratingagenturen betroffen waren, die von den emittierenden Banken beauftragt wurden, eine Einschätzung des Risikos der verbrieften Papiere vorzunehmen, um den Kunden ein Sicherheitssiegel präsentieren zu können. Da die Banken ein möglichst hohes Rating anstrebten, wurden die unsicheren Forderungen um einen Sicherheitspuffer ergänzt, sodass einzelne Forderungsausfälle von der Masse kompensiert werden konnten. Dies hatte zur Folge, dass in dieser Zeit ca. 60% der CDOs ein Rating von AAA hatten und damit als sicher eingestuft wurden. Erst 2007 wurden beispielsweise von der Ratingagentur Moody's Korrekturen am Rating vorgenommen, als sich erste Anzeichen der Subprimemarktkrise erkennen ließen. Diese Anzeichen wurden in der Entwicklung zwar von der Ratingagentur erkannt, aber waren dennoch vom Ausmaß überraschend, da ein massiver Teil der Immobilien nicht ausreichend bewertet waren und Kredite an Kunden vergeben wurden, die nicht kreditwürdig waren. Da die Ratingagenturen sich auf die Daten verließen, die sie von den Banken zur Verfügung

---

[34] Vgl. *Weidmann, J.,* Systemrelevante Finanzinstitute, 2011, S. 5 - 7
[35] Vgl. *Schuppan, N.,* Globale Rezession, 2011, S. 131
[36] Vgl. *Blinder, A.,* After the Music Stopped, 2013, S.75 - 76
[37] Vgl. *Schuppan, N.,* Globale Rezession, 2011, S. 132 - 133

gestellt bekommen hatten und keine direkte Prüfung der Kreditnehmer vornehmen konnten, sei hier eine große Intransparenz zu erkennen. Weiterhin führt Clarkson an, dass in Zukunft eine Änderung im Vorgehen zur Bewertung solcher intransparenten Finanzprodukte geben müsse und verschiedene Kennzahlen zur Bewertung herangezogen werden sollten. Des Weiteren führt er einen Interessenskonflikt von Ratingagenturen auf, da die Emittenten die Agentur bezahlen, was laut Clarkson allerdings als nicht relevant eingestuft wird, da er der Meinung ist, dass ebenfalls ein Interessenskonflikt herrschen würde, wenn die Bürger für die Kosten der Ratingagenturen bezahlen. Er stellt heraus, dass die Ratingagenturen allgemein an der Qualität der Ratings arbeiten müssen, um dem Markt eine gewisse Transparenz gewährleisten zu können.[38]

3.2   Folgen der Finanzkrise

3.2.1   Finanzmarktstabilisierung

Als Reaktion auf die Zahlungsunfähigkeit und um die Wirtschaft in Deutschland zu schützen, wurden vom Gesetzgeber mehrere Gesetze verabschiedet, um den deutschen Finanzsektor zu stabilisieren. Als Eilgesetz wurde am 17. Oktober 2008 das Finanzmarktstabilisierungsgesetz verabschiedet, wodurch ein Fonds errichtet wurde, der für eine Liquiditätsstabilität des deutschen Finanzsektors dienen sollte. Liquiditätsengpässe konnten dadurch von Finanzinstituten mit Sitz in Deutschland überwunden werden und in der Eigenkapitalbasis gestärkt werden. Das Vermögen war Sondervermögen des Bundes und wurde bei der Bundesanstalt für Finanzmarktstabilisierung (FMSA) verwaltet, die bei der deutschen Bundesbank angesiedelt, allerdings eigenständig organisiert war. Der Fonds war bis zu einer Kreditaufnahme von bis zu 70 Milliarden Euro ermächtigt und konnte diese zur Durchführung von Maßnahmen und Unterstützungen im Rahmen des Finanzstabilisierungsgesetzes verwenden. Weitere 20 Milliarden Euro konnten vom Fonds im Falle einer Inanspruchnahme als Kredit aufgenommen werden. Eine Maßnahme war der Erwerb von Problemaktiva deutscher Institute, beispielsweise in Form von Finanzinstrumenten, Gewährleistungen oder Wertpapieren, die im Zusammenhang mit der Finanzkrise standen. Eine weitere Maßnahme war die Rekapitalisierung mit Mitteln zugunsten der Passivseite, also einer direkten Beteiligung am Eigenkapital des Institutes. Der Fonds war bis zum 31.12.2009 befristet tätig und konnte in dieser Zeit Maßnahmen ergreifen. Ab 2011 war der Fonds nicht mehr aktiv tätig und überwachte die Maßnahmen, die zur Stabilisierung eingeleitet wurden.

---

[38] Vgl. *Clarkson, B.*, Ratingagenturen, 2008, S. 52

Der Fonds unterlag nicht der Gewerbe- oder Körperschaftssteuer und war im Sinne des Umsatzsteuergesetzes kein Unternehmer. Die Verwaltungskosten des Fonds wurden vom Bund getragen.[39]

3.2.2 MiFID II und MiFIR

MiFID II löste am 03.01.2018 die Finanzmarktrichtlinie MiFID I ab und gestaltet den Anlageprozess für Kunden transparenter. Im Rahmen von MiFID II wurden neue Aufgaben für die Wertpapieraufsicht geschaffen, da organisierte Handelssysteme überwacht und zugelassen werden mussten. Diese Handelssysteme waren vorher bereits existent aber nicht reguliert. Zusätzlich sollen Warenderivate von den Marktteilnehmern transparenter dargestellt und ab einer gewissen Positionshöhe offengelegt werden. Das Ziel der Verordnung ist ein transparenter Markt mit dem Zugang zu kostengünstigen Informationen beispielsweise zu abgeschlossenen Geschäften. Die Finanzkrise und die damit verbundenen hohen Verluste der Privatanleger führten ebenfalls dazu, dass in der neuen MiFID II Richtlinie festgelegt wurde, wie die Anleger besser und transparenter geschützt werden können, ohne sie aus dem Finanzmarkt auszuschließen. Zur Transparenz der Kosten muss dem Kunden vor dem Handel eine Übersicht zur Verfügung gestellt werden, auf dem alle Transaktionskosten aufgezeigt werden. Des Weiteren dürfen die Banken keine Vergütungen bezahlt bekommen, wenn sie das Produkt eines Emittenten verkaufen, für das sie vor Inkrafttreten von MiFID II eine Provision erhalten hätten.

Ebenfalls müssen Emittenten direkt bei Emittieren eines Wertpapiers Angaben darüber machen, für welchen Zielmarkt das Produkt geeignet ist. Diese Angaben beinhalten unter anderem, ob das Produkt für Privatkunden oder professionelle Kunden geeignet ist, ob der Kunde bereits Erfahrungen mit Produkten dieser Art gesammelt hat oder wie seine Erfahrungen allgemein im Wertpapierhandel sind. Zudem müssen Angaben zu dem Risikoprofil, den Anlagezielen sowie den Bedürfnissen der Zielgruppe gemacht werden. Das Beratungsprotokoll, mit dessen Hilfe vor MiFID II ein Anlegerprofil des Kunden erstellt wurde, ersetzt nun eine Geeignetheitserklärung. In dieser wurde explizit niedergeschrieben ist, aufgrund welcher Anhaltspunkte das zu verkaufende Finanzprodukt für den Kunden geeignet ist. Eine weitere Neuerung ist die Sprachaufzeichnung, die von den Beratern mit dem Kunden durchgeführt werden muss und alle Einzelheiten des Gesprächs festhält, um eine Grundlage zu haben, falls der Kunde finanziell zu Schaden kommt. Der Kunde muss der Sprachaufzeichnung zustimmen und kann bei Bedarf eine Bereitstellung der Kopie anfordern. Die Aufzeichnungen müssen von Kreditinstituten oder

---

[39] Vgl. *O.V., FMStG*, 2008, S. 1982 - 1985

Finanzdienstleistern fünf Jahre lang aufbewahrt werden. Begleitet wird die MiFID II Richtlinie von MiFIR, die auf europäischer Ebene unmittelbar anwendbar ist. So kann in ganz Europa den nationalen Aufsichtsbehörden die Möglichkeit geschaffen werden, bestimmte Finanzprodukte vom Vertrieb und Verkauf auszuschließen.[40]

3.2.3   Basel III

Am 12. September 2010 wurden die neuen Kapital- und Liquididationsvorschriften für Bankinstitute veröffentlicht. Durch diese neuen Vorschriften sollen Banken eine größere Kapitalstabilität in Krisen erhalten und das eigene Risiko besser auffangen können, sodass eine staatliche Rettung nicht notwendig ist. Die Chefs der Notenbanken des Euro-Raumes und der Aufsichtsbehörden aus 27 Staaten verabschiedeten dieses Gesetz als Nachfolger des bisherigen Rahmens Basel II. In Folge der Finanzkrise unterschätzten viele Banken ihre Risikoinvestments, sodass das vorhandene Eigenkapital nicht ausreichte, um sich aus eigener Kraft zu finanzieren und zu stabilisieren. Durch ein Eingreifen der Staaten konnte ein Zusammenbruch der Kreditinstitute vermieden werden. [41]

Das zu hinterlegende Eigenkapital lässt sich in die Bereiche des harten, des zusätzlichen Kapitals und des Ergänzungskapitals einordnen. Im Rahmen der Capital Requirement Regulation (CRR) wird festgelegt, was als Kapital anerkannt wird und welche Positionen abgezogen werden.

Als hartes Kernkapital gelten unter bestimmten Voraussetzungen selbsteingezahlte Eigenkapitalinstrumente sowie offene Rücklagen. Im Fokus steht hierbei, dass die Positionen bei einer drohenden Krise direkt und uneingeschränkt zur Deckung von Risiken und Verlusten zur Verfügung stehen. Das harte Kernkapital muss mit einer harten Kernkapitalquote in Höhe von 4,5% hinterlegt werden.

Das zusätzliche Kernkapital wird im CRR als Ergänzung zum harten Kernkapital geregelt und muss durchgehend zur Deckung möglicher Verluste zur Verfügung stehen und einen Fortbestand der Geschäftätigkeit des Unternehmens gewährleisten.

Anforderung an das zusätzliche Kernkapital ist die volle Verfügungsgewalt über das Kapital seitens des Kreditinstituts sowie die Möglichkeit, es in hartes Kernkapital umzuwandeln oder

---

[40] Vgl. *BaFin,* MiFID II, MiFIR, 2017, o.S.
[41] Vgl. *Bundesfinanzministerium,* Basel III, 2010, o.S.

Abschreibungen vorzunehmen, sollte das harte Kernkapital unter einen Wert von 5,125% sinken.

Das ergänzende Kernkapital addiert zum harten Kernkapital stellt die Kernkapitalquote dar und darf einen Wert von 6,0% nicht unterschreiten. Als zusätzlicher Schutz im Insolvenzfall wird das Ergänzungskapital addiert, das für mindestens fünf Jahre in das Unternehmen eingezahlt worden sein muss und einen nachrangigen Rückzahlungsanspruch im Insolvenzfall besitzt.

Insgesamt müssen die drei Kapitalpositionen des harten, zusätzlichen und ergänzenden Kernkapitals eine Gesamtkapitalquote von mindestens 8% aufweisen.[42] In Abbildung 3 ist auf der X-Achse bildlich dargestellt, wie die Kapitalanforderungen an Kreditinstitute bisher waren und wie sie sich nach der Einführung von Basel III verhalten. Auf der vertikalen Achse werden die Eigenkapitalquoten in Prozent angegeben. Man sieht bei dieser Gegenüberstellung, dass aufgrund von Basel III eine höhere Mindestquote zum harten Kapital gefordert ist und dies für eine niedrigere Anforderung bei dem weichen Kapital und dem Ergänzungskapital sorgt. Zusätzlich zu den 8% müssen zum einen als zusätzliche Sicherheit 2,5% Kapitalerhaltungspuffer hinterlegt sein, welcher bei Unterschreitung zu einer Sanktion in der Dividendenverwendung führt. Zum anderen können Banken einen antizyklischen Kapitalpuffer hinterlegen, der zwischen 0 – 2,5% betragen kann und dafür sorgt, dass ein Kreditinstitut in wirtschaftlich guten Zeiten für Krisenjahre ansparen kann.[43]

---

[42] Vgl. *Deutsche Bundesbank,* Eigenmittel, 2018, o.S.
[43] Vgl. *Bundesfinanzministerium,* Was ist Basel III?, 2010, o.S.

Abbildung 3: Eigenkapitalquote nach Basel III

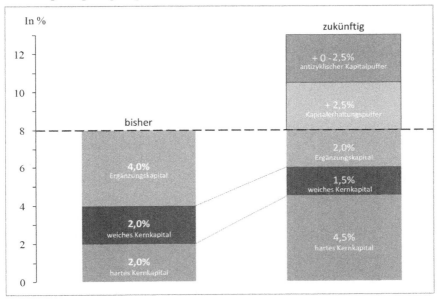

Quelle: *Eigene Darstellung in Anlehnung an Bundesfinanzministerium,* Was ist Basel III?, 2018, o.S.

3.2.4 Niedrigzinspolitik der Europäischen Zentralbank

Da die Finanzkrise in den USA weltweite Auswirkungen auf die Geldanlagen von Kreditinstituten und Anlegern hatte, war es für die europäische Zentralbank notwendig, zu reagieren und die Geldmenge am Markt zu steuern. Dies resultierte in einer konventionellen, expansiven Geldpolitik, um den Banken in Europa ausreichend Liquidität zur Verfügung zu stellen.[44] Dies bedeutet, dass der Markt auf verschiedenen Wegen mit Geld versorgt wird und Unternehmen den Anreiz erhalten, trotz Unsicherheiten am Markt Investitionen zu tätigen, um das Wirtschaftswachstum zu erhöhen.[45] Mit den Worten „Within our mandate, the ECB is ready to do whatever it takes to preserve the euro. And believe me, it will be enough."[46] gab Mario Draghi, der Präsident der EZB 2012, ein Statement zur aktuellen Situation der Geldpolitik der EZB ab, mit dem Ziel, die Wirtschaft zu beruhigen und das Vertrauen in die Banken bzw. die europäische Wirtschaft wiederherzustellen.

---

[44] Vgl. *Schuppan, N.,* Globale Rezession, 2011, S. 224
[45] Vgl. *Hirschmann, St.,* Krisen- und Deflationsbekämpfung, 2014
[46] Vgl. *Draghi, M.,* Global Investment Conference in London, 2012

Jürgen Stark bringt in einer Rede vor dem Stuttgarter Steuerkongress die Maßnahmen in einen zeitlichen Zusammenhang. Durch die Krise und nach dem Konkurs von Lehmann Brothers sank das Vertrauen unter den Banken und der Interbankenmarkt kam nahezu zum Erliegen, sodass die Geschäftsbanken sich untereinander kein Geld mehr liehen. Aufgrund dieses Marktversagens war die EZB gezwungen, in den Markt einzugreifen, da die Preisstabilität, die oberste Priorität der EZB, in Gefahr war. In Folge dessen senkte sie den Leitzins innerhalb von 7 Monaten auf 1% und schaffte dadurch den Anreiz für Banken, Kredite aufzunehmen. Weitere Maßnahmen bestanden in der unkonventionellen Geldpolitik und eines weiteren Ansatzes der Steigerung von Liquidität, unter anderem durch den Kauf von Pfandbriefen und die Vollzuteilung in allen Offenmarktgeschäften. Durch diese langfristige Geldpolitik wurde die kurzfristige Geldpolitik unterstützt und rechtfertigte diese Maßnahmen, da nur mit einer kurzfristigen Leitzinsänderung ein größerer Einbruch der europäischen Wirtschaft und der Preisstabilität hätte eintreten können. Diese Instrumente wurden im Jahr direkt nach der Finanzkrise angewandt und sollten bei einer sichtlichen Verbesserung nicht fortgeführt werden. Dies führte dazu, dass im Jahre 2010 bereits begonnen wurde, die geldpolitischen Sondermaßnahmen zu stoppen. Allerdings folgte auf die Finanzkrise in den USA eine offene Krise in Europa mit einer zeitlichen Verzögerung, die besonders starke Auswirkungen auf Griechenland, Portugal und Irland hatte und zu einer ähnlichen Situation wie 2008 führte. Mit dem Ziel einer mittelfristigen Preisstabilität wurde in den Markt eingegriffen und durch den Kauf von staatlichen Schuldpapieren sollte der geldpolitische Transaktionsmechanismus wiederhergestellt werden.[47]

In Abbildung 4 sind die Leitzinsen im Zeitraum vom 02.01.2016 bis zum 03.06.2019 dargestellt. Auf der horizontalen Achse befinden sich die Jahreszahlen und auf der vertikalen Achse sind in Prozent die Zinssätze angegeben. Man kann die von Stark erwähnte Senkung nach der Krise in den USA auf 1% erkennen und die angenommene Erholung durch einen Anstieg des Leitzinses zwischen 2011 und 2012. Anschließend fällt der Leitzins, bis er 2016 erstmals bei 0% liegt. Seitdem ist er unverändert.

---

[47] Vgl. *Stark, J.,* Geld- und Fiskalpolitik, 2010, o.S.

Abbildung 4: Entwicklung des Leitzinses der EZB

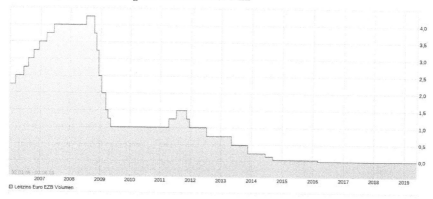

Quelle: *Ariva*, EZB Leitzins, 2019, o.S.

3.3 Reaktion der Banken auf die Finanzkrise und gesetzliche Bestimmungen

Eine Investition der Banken in forderungsbesicherte Anleihen und einem damit verbundenen Verlust der Werthaltigkeit führte dazu, dass einige Banken in Europa und in den USA vor einer Überschuldung standen. Durch diese Angst sahen sich die Banken dazu veranlasst, die liquiden Positionen zu erhöhen. Dies hatte einen Rückgang der Refinanzierungsmöglichkeiten zur Folge, da das Interbankengeschäft zusätzlich durch ein verlorenes Vertrauen der Banken untereinander begleitet wurde. Dadurch stiegen die Zinsen an, zu denen die Banken bereit waren, sich untereinander Geld zu leihen.[48] Aufgrund der schlechten Wertigkeit der emittierten Papiere, die an Wertigkeit verloren hatten, herrschte kaum eine Nachfrage nach Neuemissionen, was zu einem Eingreifen der Notenbanken und zu einer durch eines niedriges Zinsniveau günstigen Refinanzierung führte.[49] Eine weitere Reaktion der Banken auf die Finanzkrise war die Bilanzkürzung aufgrund von schlechter Verwertbarkeit der Pfandbriefe, was zur Folge hatte, dass Positionen der Aktivseite realisiert werden mussten. Diese wurden aufgrund der Marktlage mit Abschlägen verkauft, was wiederrum weitere Bewertungskorrekturen der Positionen mit sich brachte und zu einem Teufelskreis der Liquidität führte.[50]

Zusätzlich wurde die Kreditvergabe der Banken durch die gesetzlichen Regelungen von Basel III eingeschränkt, welche vorsehen, dass vergebene Kredite mit ausreichend Eigenkapital hinterlegt werden. Wenn eine Bank beispielsweise einen Eigenkapitalanteil von 8 Mrd. besitzt und

---

[48] Vgl. *Michler, A.F., Thieme, H.J.*, Finanzmarktkrise, 2009, S. 195
[49] Vgl. *Schuppan, N.*, Globale Rezession, 2011, S. 224
[50] Vgl. *Dietz, T.*, Liquiditätsrisikomanagement, 2010, S. 47

nach Basel III 8% der Gesamtsumme hinterlegt werden müssen, so kann ein Kreditvolumen von maximal 100 Mrd. ausgegeben werden. Wenn nun das Eigenkapital durch realisierte Verluste und Risikopuffer verringert wird, sinkt dementsprechend auch das Kreditvolumen, welches von der Bank vergeben werden darf. Dies hat zur Folge, dass nach der Wertberichtigung in Folge der Finanzkrise kaum Kredite herausgegeben werden können, was zu einer Kreditklemme auf internationaler Ebene führt.[51] Ein weiterer Faktor war, dass die Kredite, die wertberichtigt werden mussten, von den Banken in einer großen Menge vertrieben wurden und dadurch keine Risikostreuung stattfand, mit der das Gesamtportfolio diversifiziert werden konnte. Diese Tranchen der risikobehafteten Wertpapiere sammelten sich bei den Banken und bei den Anlegern der Banken.[52]

4 Auswirkungen auf die Bankbilanz

4.1 Eigenkapital

Das Eigenkapital der Banken ist essenziell und muss nach Basel III gewisse Kriterien erfüllen. Eine Bank hat wie jedes Industrie- oder Handelsunternehmen unternehmerische Risiken, sodass Kapital zur Risikoabsicherung vorhanden sein muss. Im Unterschied zu anderen Unternehmen müssen Banken im Rahmen des Kreditwesengesetzes (KWG) Risiken in der Bilanz offenlegen. Zusätzlich muss zum Jahresabschluss ein Risikobericht angefertigt werden. Durch die gesetzlichen Vorgaben im KWG wird sichergestellt, dass Renditen durch Kreditvergaben erzielt werden können und gleichzeitig der Gläubigerschutz sichergestellt ist. Ein mögliches Risiko von Banken ist der Ausfall bei Schuldnern, wodurch die Rückzahlung von Krediten nicht gewährleistet werden kann und die Bank diese Verluste aus dem Eigenkapital realisieren muss. Ein weiteres Risiko ist das Marktrisiko, bei welchem der Preis den Marktschwankungen ausgesetzt ist. Diese Schwankungen können insbesondere im Wertpapier-, Rohstoff- und Währungshandel auftreten.[53] Durch die zusätzlichen Bedingungen zum hinterlegten Eigenkapital soll zudem sichergestellt sein, dass einem Moral Hazard vorgebeugt wird. Moral Hazard beschreibt die Tatsache, dass Banken dazu neigen ein extremes Risiko einzugehen und die möglichen Verluste bei einem zu großen Volumen nach einer Insolvenz oder drohenden Zahlungsunfähigkeit von der Allgemeinheit getragen werden müssen.[54] Für einen generellen Anstieg des Eigenkapitals

---

[51] Vgl. *Dill, A.,* Internationale Realwirtschaft, 2009, S. 201
[52] Vgl. *Hader, J.,* Internationale Finanzwirtschaft, 2009, S. 147
[53] Vgl. *Botsis, D.,* Kennzahlensysteme für Banken, 2015, S. 47 - 48
[54] Vgl. *Wahrenburg, M.,* Kapitalregulierung, 2019, S. 82

spricht der Bankenstresstest, der in verschiedenen Zinsszenarien untersucht, inwieweit die Risiken einer schwachen Konjunktur oder einer extremen Volatilität der Märkte sich auf die Zahlungsfähigkeit der Banken auswirken. Hier zeigt sich bei zahlreichen Banken, dass viele der notleidenden Kredite aufgrund der Intransparenz der Produkte aus der Finanzkrise vorerst auf ein Risiko analysiert werden müssen und gegebenenfalls eine lange Laufzeit haben, was die Ausfallwahrscheinlichkeit schwer einschätzbar macht. Des Weiteren kann es durch ein Extremszenario zu weiteren Ausfällen im Zuge einer Kettenreaktion führen, was weitere Kredite notleidend werden ließe. Durch den Stresstest kann sich die EZB einen Überblick verschaffen, inwieweit es sinnvoll ist, ihre Instrumente zu nutzen oder die bisherigen Maßnahmen zu drosseln, um einer Kettenreaktion in Europa und damit maßgeblich auch in Deutschland vorzubeugen.[55]

Damit in der folgenden Analyse Rückschlüsse auf die Entwicklung des Eigenkapitals der Commerzbank und der Hamburger Sparkasse gezogen werden können, werden Kennzahlen der Bilanzanalyse verwendet. Zunächst wird die Eigenkapitalquote berechnet, welche das Eigenkapital ins Verhältnis zum Gesamtkapital bzw. der Bilanzsumme setzt.[56] Die Kennzahl gibt indirekt einen Überblick über den Verschuldungsgrad und hat einen großen Einfluss auf die Kreditwürdigkeit einer Bank, welcher positiv ausfällt, wenn die Eigenkapitalquote gesteigert werden kann.[57]

Betrachtet man das Eigenkapital isoliert unter den Gesichtspunkten der Berichtigungen nach der Finanzkrise, so müsste sich in den Jahren danach eine Verringerung erkennen lassen. Mit der Einführung von Basel III, aufgrund dessen mehr hartes Kapital hinterlegt werden muss, kann das Eigenkapital im Zuge einer Bilanzkürzung sinken, da keine neuen Kredite ausgegeben werden. Im Gegensatz dazu kann man in den Zeiten der niedrigen Zinsen andererseits darauf schließen, dass mehrere Kredite herausgegeben werden, die nach den Basel III Richtlinien mit ausreichend Eigenkapital hinterlegt werden müssen, was zu einem Anstieg des Eigenkapitals sowie der Bilanzsumme führen würde.

4.2 Liquidität

Für Banken ist Liquidität ein wichtiger Faktor, wenn es um die Bewertung von Risiken geht. Es gibt verschiedene Formen von Liquidität, die sich in Ihrer Definition und ihrer Sicherheit

---

[55] Vgl. *Goedeckemeyer, K.,* Risikokennzahlen, 2014, S. 1 - 2
[56] Vgl. *Spangberg-Zepetauer, A.,* Bilanz- und Steuerpolitik, 2017, S. 129
[57] Vgl. *Botsis, D.,* Kennzahlensysteme für Banken, 2015, S. 120

unterscheiden. Ein Bestandteil der sicheren Liquidität sind die Barreserven einer Bank, die direkt als Bargeld in den Kassen vorhanden sind oder als Guthaben bei der deutschen Bundesbank. Setzt man beispielsweise die Liquidität ins Verhältnis zu den kurzfristigen Verbindlichkeiten gegenüber Kunden, gibt dies eine Auskunft darüber, inwieweit eine Bank in möglichen Szenarien auf die Forderung von Kunden eingehen könnte, ohne sich extern refinanzieren zu müssen. Fällt die Quote der Liquiden Mittel zu den Forderungen hoch aus, ist eine Bank gut aufgestellt, falls es einen Bank Run gibt, und Kunden in Zeiten einer Krise bzw. eines Vertrauensverlustes kurzfristig über ihr Guthaben verfügen möchten.[58] Durch ein umfassendes Management von Liquidität und Risiko kann eine Bank Frühwarnsignale erhalten, die auf eine Krise hindeuten können und eine entsprechende Reaktion ermöglichen. Ein Fehlmanagement der Liquidität und des Risikos kann wie in der Krise 2008 zu einer Zahlungsunfähigkeit und einer Insolvenz führen, die eine Kettenreaktion in der Wirtschaft auslösen und ein Einschreiten der Staaten erforderlich machen kann. Ausgelöst durch die Krise wurde das Liquiditätsmanagement stark in den Vordergrund gestellt und macht ein durchgängiges Prüfen und Überwachen verschiedener Kennzahlen in diesem Zusammenhang unerlässlich.[59]

Eine weitere Art von Liquidität ist der Cashflow, der den Kapitalfluss eines Unternehmens darstellt. Er gibt Auskunft über den Nettozufluss an liquiden Mitteln während einer Periode. Beträge, die wie Abschreibungen oder Zuführungen bzw. Auflösungen von Rückstellungen in dieser Periode nicht Zahlungswirksam sind, werden nicht berücksichtigt.[60]

In Bezug auf die nachfolgende Analyse und der Liquidität in Bezug auf die Bilanzen der Commerzbank bzw. der Hamburger Sparkasse kann durch das verringerte Vertrauen nach der Krise ein Aufbau der Barreserven und des Sichtguthabens bei der deutschen Bundesbank erfolgen, da der Interbankenmarkt unmittelbar nach der Zahlungsunfähigkeit und dem Ausbruch der Finanzkrise kurz vor dem Zusammenbruch stand. Diese These wird zudem durch den niedrigen Leitzins unterstützt, da die Banken sich günstig mit Zentralbankgeld refinanzieren konnten.

4.3 Zinsertrag und Zinsaufwand

Ein Kerngeschäft deutscher Banken sind die Zinserträge, die aus vergebenen Krediten an Kunden und Unternehmen erwirtschaftet werden. Durch die Niedrigzinspolitik der EZB soll das Wirtschaftswachstum in Europa stabilisiert werden, was sich allerdings auch auf die Kunden

---

[58] Vgl. *Botsis, D.*, Kennzahlensysteme für Banken, 2015, S. 132 - 133
[59] Vgl. *Heesen, B.*, Liquiditätsmanagement, 2016, S. 2
[60] Vgl. *Heesen, B.*, Basiswissen Bilanzanalyse, 2017, S. 148

23

der Banken auswirkt. Der Einfluss der EZB auf den Leitzins spielt eine wichtige Rolle für Banken und hat einen direkten Einfluss auf das Betriebsergebnis. Durch langfristige Kredit- und Sparverträge wird die Niedrigzinsphase in vielen Banken weiterhin ein Thema sein, da in der gesamten Laufzeit die niedrigen Zinsen garantiert sind.[61] Die Zinserträge sowie die Zinsaufwendungen werden in der GuV aufgeführt und werden als operatives Ergebnis geführt, da es das Kerngeschäft der Banken wiederspiegelt. Subtrahiert man die Zinserträge, die eine Bank für die Ausgabe von Krediten an Kunden erhält, mit den Aufwendungen für die angelegten Kundengelder, erhält man den Zinsüberschuss.[62]

In Bezug auf die Auswirkungen der Niedrigzinspolitik der EZB auf deutsche Banken kann in diesen Positionen ein direkter Zusammenhang zu dem Leitzins festgestellt werden. Zum Vergleich des Aktivgeschäfts der beiden Kreditinstitute kann man die Kennzahl der Zinsertragsspanne nutzen, bei der Zinserträge, laufende Erträge, Erträge aus Gewinngemeinschaften, Gewinnabführungs- oder Teilgewinnabführungserträge addiert und anschließend durch die Bilanzsumme geteilt werden. Das Ergebnis gibt, multipliziert mit 100, den Ertrag des Aktivgeschäfts in Prozent an. Ersetzt man in der Formel für die Zinsertragsspanne den Zinsertrag durch den Zinsaufwand, erhält man die Zinsaufwandsspanne. Diese Kennzahlen sind gute Indikatoren für den Erfolg des klassischen Geschäftsmodells einer Bank. Subtrahiert man nun den Zinsaufwand vom Zinsertrag, ergibt sich der Zinsüberschuss, welcher im Verhältnis zur Bilanzsumme die Bruttozinsspanne ergibt und damit Auskunft über den Wertbereich eines Kreditinstituts gibt.[63]

Wenn der Leitzins massiv gesenkt wird bzw. auf 0% sinkt, sollten hypothetisch gesehen die Zinsaufwendungen ebenfalls sinken, da die Banken sich günstig bei der Bundesbank refinanzieren können. Die Zinserträge werden zwar ebenfalls sinken, da das Geld durch die Banken günstiger am Markt verteilt werden, jedoch haben die Banken hier einen großen Einfluss darauf inwieweit die günstigen Refinanzierungskosten auf den Anleger umgelegt werden. Dementsprechend sollte die Bruttozinsspanne steigen, wenn die Banken die Zinsen der Kunden reduzieren und gleichzeitig die Kreditzinsen auf einem gleichen Niveau halten.

---

[61] Vgl. *Thun, C.*, Geschäftsmodell Bank, 2016, S. 2-3
[62] Vgl. *Botsis, D.*, Kennzahlensysteme für Banken, 2015, S. 43
[63] Vgl. *Botsis, D.*, Kennzahlensysteme für Banken, 2015, S. 75 - 77

4.4 Verbindlichkeiten

Die Verbindlichkeiten von Kreditinstituten ergeben sich aus der Vermittlungstätigkeit im Sinne des klassischen Geschäftsmodells. Das Institut bietet den Kapitalanlegern eine Anlaufstelle, um sich deren Geld zu leihen und dafür einen entsprechenden Zinssatz zu zahlen, der je nach Laufzeit und Höhe variieren kann. Die Banken handeln komplett auf eigene Rechnung und sind frei in der Gestaltung ihrer Anlageprodukte. Durch Fristentransformation vergeben Banken kurzfristige Spareinlagen von Kunden langfristig als Kredite. Hierbei besteht das Risiko, dass unvorhergesehene Ereignisse eintreten und das Planmodell der Fristentransformation nicht aufgeht, und die Bank auf langfristige Anlagen zurückgreifen muss, um die Anleger zu befriedigen. Ein weiterer Punkt ist die Risikotransformation, bei der Kunden in verschiedene Risikoprofile eingeordnet werden und je nach Risikoappetit das Kapital angelegt wird.[64] Bei der Anlage eines Kunden gibt er das Kapital an die Bank und wandelt es dadurch in Giralgeld um, welches auf Seiten der Bank eine Verbindlichkeit an den Kunden ist. Dies können Anlagen auf dem Girokonto sein, die dem Kunden täglich zur Verfügung stehen meist allerdings nicht verzinst sind aber auch Anlagen über einen länger festgelegten Zeitraum, in dem der Kunde keine Auszahlungsmöglichkeiten hat, aber eine Verzinsung erhält.[65] Eine weitere Bilanzposition ist die Verbindlichkeit an Kreditinstitute, wenn diese sich im Interbankenmarkt untereinander Geld leihen bzw. dieses anlegen. Durch den historisch niedrigen Zins sind die Anleger vor die Entscheidung gestellt, wie sie ihr erspartes Kapital gewinnbringend anlegen. Vor dem Hintergrund zur privaten Altersvorsorge und der angestrebten Inflation der EZB von ca. 2% ist das klassische Sparbuch mit einer niedrigen Verzinsung kaum eine Alternative.

Eine Hypothese ist, dass die privaten Sparer ihr Kapital in Ermangelung von Alternativen in Sachanlagen investieren oder konsumieren und damit die Position in den Bilanzen der Banken sinkt. Durch die Alternativlosigkeit kann es aber auch sein, dass die Sparer den Wertverlust durch die Inflation in Kauf nehmen, ihr Kapital bei einer Bank anlegen und darauf warten, bis es eine angemessene Verzinsung auf Spareinlagen gibt.

Im Interbankenmarkt ist das Vertrauen nach der Finanzkrise massiv gesunken, was die Vermutung zulässt, dass die Verbindlichkeiten gegenüber Kreditinstituten nach 2008 sinken und bis in das Jahr 2018 zunehmen, da sich das Vertrauen im Interbankenmarkt erholt.

---

[64] Vgl. *Hagenmüller, K.*, Der Bankbetrieb, 1987, S. 71
[65] Vgl. *Buchholz, L.*, Negative Zinsen, 2015, S. 8

4.5 Forderungen

Der niedrige Leitzins schafft für Unternehmen und Privathaushalte den Anreiz zur Investition, sodass Banken das günstige Bundesbankgeld in den Markt weiterleiten. Durch vergebene Kredite entsteht die Bilanzposition der Forderungen an Kunden und Kreditinstitute. Die Vergabe von Krediten zählt zu dem Kerngeschäft der klassischen Banken, die das Geld zunächst von den Kunden als Spareinlagen erhalten und anschließend an andere Kunden zu einem höheren Zins verleihen. Die niedrigen Zinsen werden allerdings nur für die Neuvergabe von Krediten vergeben, sodass bestehende Verträge meist unberührt bleiben, wenn keine variable Verzinsung vereinbart wurde. Dies spielt eine Rolle, da viele Finanzierungen beispielsweise im Baufinanzierungsgeschäft mit einem Festzins über eine Laufzeit von 10 oder 15 Jahren abgeschlossen werden. Unternehmer werden zudem kalkulieren, inwieweit es sich lohnen würde, Investitionen, die für einen späteren Zeitpunkt geplant sind, vorzuziehen, da das Marktniveau sehr niedrig ist, was im Endeffekt zu einer Verminderung von Investitionsstau und damit einem Auftrieb der Wirtschaft führt. [66]

Für die Commerzbank und die Haspa ist die Vergabe von Krediten also ein essentieller Bestandteil des Geschäftsmodells, sodass sich hypothetisch das Kreditvolumen erhöhen sollte. Aufgrund der gesetzlichen Vorgaben im Rahmen von Basel III muss jeder dieser Kredite mit ausreichend Eigenkapital zur Risikovorsorge hinterlegt sein, sodass in den Bilanzen der Bank sowohl das Kreditvolumen für Privat- und Unternehmenskunden als auch das Eigenkapital ansteigen sollte.

Da der Interbankenmarkt nach der Finanzkrise durch einen Vertrauensverlust abgenommen hat, kann man hier vermuten, dass die Forderungen an Banken seit 2007 abnehmen und sich bis zum heutigen Tage leicht erholen. Hierbei stellt sich allerdings auch die Frage, ob die Banken das Risiko eingehen und bei einer anderen Bank einen Kredit aufzunehmen, wenn die Aufnahme ebenfalls zu einem geringen Preis bei der Bundesbank erfolgen kann.

---

[66] Vgl. *Lesch, T.,* Das Kreditgeschäft, 2017, S. 35 – 37

5 Auswirkungen der Niedrigzinspolitik auf Banken in Deutschland

5.1 Vorstellung und Vergleich ausgewählter Banken

5.1.1 Commerzbank

5.1.1.1 Geschäftsmodell 2009

Die Commerzbank war laut dem Jahresbericht des Jahres 2009 unmittelbar nach der Finanzkrise eine der führenden Privat- und Firmenkundenbanken in Deutschland. Durch die Verschmelzung mit der Dresdner Bank im Mai 2009 entstand das deutschlandweit dichteste Filialnetz mit 1200 Filialen. Aufgrund der Verschmelzung mit der Dresdner Bank wurde für die Vorstellung des Geschäftsmodells der Commerzbank das Jahr 2009 verwendet, da hier die Auswirkungen der Konsolidierung berücksichtigt wurden. Für die ca. 15 Millionen Kunden weltweit stand ein breites Produkt- und Beratungsangebot zur Verfügung, das insbesondere für den exportstarken Mittelstand einen großen Mehrwert bietet. Durch die Verschmelzung mit der Dresdner Bank konnten ebenfalls die besten Kompetenzen der beiden Bankhäuser vereint werden und für die Zukunft einen verlässlichen Partner darstellen. Explizit werden deutschlandweit und weltweit Exportfinanzierungen begleitet. Die neue strategische Ausrichtung führt zu einer Vision, die beinhaltete, der Marktführer und Ansprechpartner der Privat- und Firmenkunden mit europäischer Ausrichtung in Deutschland zu sein. Ein Fokus lag in der langfristigen Kundenbindung und Zusammenarbeit mit Kunden, Mitarbeitern und Investoren. Die Vision sollte mit Hilfe der Mission „Roadmap 2012" erreicht werden, die eine profitable Ausrichtung und Verschlankung der Commerzbank zur Folge haben sollte.[67] Die Roadmap 2012 beinhaltet eine Fokussierung auf kleine und mittelständische Firmenkunden in Deutschland, sodass statt in 30 Märkten, in denen die Commerzbank bisher präsent war, nun noch in 10 Märkten agierte. Dies änderte den Fokus auf Trading-Hubs in Frankfurt und London und nicht wie bisher eine globale Präsenz. Des Weiteren betreute die Commerzbank als Spezialist bis 2009 weltweit Banken in komplexen und herausfordernden Märkten, was bis 2012 reduziert werden sollte und in einer Konzentration von Investment-Banking-Produkten und –Services in Deutschland resultierte. Hierbei wurde sich unter anderem in Zukunft konzentriert als führender Anbieter in Cash- und Trade- Services in Deutschland zu sein sowie unter den Top 3 in Europa. Allgemein sollte das Neukundengeschäft reduziert werden und ein Fokus auf die Kernkompetenzen gerichtet werden. Im Bereich der Realkredit und Staatsfinanzierung sollte ein starker Abbau des Portfolios durch „de risking" erreicht werden. Durch die Verringerung von Public Finance und Real Estate

---

[67] Vgl. *Commerzbank,* Jahresabschluss 2009, 2010, S. 3

27

sollte eine Reduktion von 25% der RWA erfolgen. Durch einen Mitarbeiterabbau von >30% wollte die Commerzbank bis 2011 eine Kostenreduzierung von 110 Millionen Euro erzielt werden.[68]

5.1.1.2 Geschäftsmodell seit 2018

2018 gibt die Commerzbank AG an eine der führenden Privat- und Firmenkundenbanken in einem internationalen Geschäftsfeld zu sein. In Deutschland werden 18,87 Millionen Kunden in 1000 Filialen beraten. Dazu gehören sowohl Privatanleger, Firmenkunden sowie institutionelle Kunden. Der Fokus liegt auf der Beratung von Privat- und Firmenkundengeschäft zu umfassenden Themen im Kapitalmarkt. Eine zentrale Rolle in der strategischen Ausrichtung ist die ökologische und soziale Verantwortung in Bezug auf die Umwelt und die Mitarbeiter der Commerzbank. Im Zuge der Digitalisierung baut die Commerzbank ihr strategisches Programm „Commerzbank 4.0" weiter aus und setzt bis 2020 einen geplanten Personalabbau um. Die Konzernzentrale wird grundlegend umgebaut und schafft damit eine klare Zuteilung der verschiedenen Organisationseinheiten mit einem Fokus auf die Digitalisierung. Des Weiteren werden Mitarbeiter gezielt geschult, um mit den neuen Angeboten der Digitalisierung umzugehen und Kunden zu diesen zu beraten. Ziel der Neuausrichtung ist zum einen ein modernes und zukunftsträchtiges Geschäftsmodell, welches sich vor den neuen digitalen Wettbewerbern der Bankenbranche behaupten kann und zum anderen der Erhalt der Marktanteile. Um die Mitarbeiterzufriedenheit im Unternehmen zu steigern, wird vermehrt auf die Balance zwischen Job und Familie eingegangen, sodass mit den Mitarbeitern Teilzeitmodelle ausgearbeitet werden und flexibel auf den Mitarbeiter eingegangen werden kann.

Laut der Prognose des Geschäftsberichts ist die Konjunktur als Reaktion auf die Finanzkrise langsamer geworden, die expansive Geldpolitik belastet allerdings weiterhin die wirtschaftliche Situation. Zur Zukunft der Bankenbranche geht die Commerzbank davon aus, dass durch das aktuelle Zinsniveau die Kreditaufnahme und die Investition weiter zunehmen und einen positiven Einfluss auf die Beschäftigung sowie das Wirtschaftswachstum in Deutschland haben werden. Durch die schnellen Unternehmenszyklen im Bankensektor muss die Commerzbank weiterhin alte Strukturen und Prozesse überdenken und möglicherweise an das Marktgeschehen und die Kundenbedürfnisse anpassen. Im Zuge dieser schnellen Veränderung durch die Digitalisierung und eines erhöhten Wettbewerbs durch Technologieunternehmen, die sich auf be-

---

[68] Vgl. *Blessing, Martin,* Roadmap 2012, 2009, S. 8 - 16

stimmte Bank-Leistungen spezialisieren. Die Commerzbank möchte ebenfalls einen klaren Fokus auf das Kerngeschäft legen und Randaktivitäten, die das Angebot diversifizieren, abstoßen.
Im Firmenkundenbereich soll der bisherige Anteil von 5% auf 8% erhöht werden und die Beratung dieser Kundengruppe soll sowohl geschäftlich als auch privat ganzheitlich geschehen.
Zum Vertrieb und der Neukundengewinnung sollen die stadtnahen Filialen mit einem effizienten und infrastrukturarmen Angebot ausgestattet werden, was zu einer flächendeckenden Kostenreduktion führen soll. Den Kunden soll in Zukunft ein Multikanalangebot zur Verfügung stehen, sodass ihnen alle Möglichkeiten geboten werden, mit der Bank in Kontakt zu treten, ohne zwingend eine Filiale aufsuchen zu müssen. Des Weiteren werden Kooperationen mit Handelsunternehmen geschlossen, um Wissen zu vereinen und dadurch die Marktanteile auszubauen.[69]

5.1.2 Hamburger Sparkasse

5.1.2.1 Geschäftsmodell 2008

Die Hamburger Sparkasse AG war 2008 die größte Sparkasse in Deutschland und die führende Bank in der Metropolregion Hamburg. Alleinaktionär der Hamburger Sparkasse ist seit 2008 die HASPA Finanzholding, welche selbst kein operatives Bankgeschäft betreibt. Ein Ziel der Finanzholding war die Bereitstellung von Krediten und Sparanlagen, um einen sicheren und gut verzinsten Austausch von Geldvolumen zu gewährleisten. Die Verantwortung der Holding lag darin, Anreize zum Sparen zu schaffen und die Wirtschaft in Hamburg zu unterstützen und zu fördern.[70] Durch ein großes Filialnetz von ca. 250 Filialen war jede dritte Bankfiliale in Hamburg eine Filiale der Haspa. Zum Zeitpunkt des Jahresabschlusses von 2008 waren rund 5450 Mitarbeiter bei der Haspa beschäftigt, die die Kunden in den Bereichen Anlage, Investition und Vorsorge berieten. Auch die Haspa war nach der Subprime-Krise in 2007 von den Auswirkungen auf die gesamte Weltwirtschaft betroffen, was sich ebenfalls auf das Vertrauen anderer Banken bzw. Privatkunden auswirkte und für Turbulenzen im deutschen Markt sorgte.
Die Spareinlagen der Haspa-Kunden waren über eine Institutssicherung vor Ausfällen gesichert, sodass hier im Vergleich zum amerikanischen Markt ein Unterschied bestand. Im Gegensatz zu den Privat- und Landesbanken waren die Sparkassen und Genossenschaftsbanken in Deutschland nicht so stark von der Finanzkrise betroffen, blieben allerdings nicht gänzlich verschont. Durch den Konjunkturabschwung im Zuge der Krise verringerte sich das Wirtschaftswachstum in Hamburg, blieb jedoch über dem Bundesdurchschnitt. Durch den Fokus auf den

---

[69] Vgl. *Commerzbank,* Geschäftsbericht 2018, 2019, S. 35 - 39
[70] Vgl. *HASPA Finanzholding,* Unternehmen, 2019

Privatkundenbereich und die mittelständischen Firmenkunden, konnte die Haspa nach der Finanzkrise eine sichere Anlaufstelle bieten, und mit der Regionalität und zugeschnittenen Beratungen bestmöglich auf die Hamburger Kunden eingehen. Aufgrund eines gewachsenen Kundengeschäfts und damit verbunden höheren Spareinlagen der Kunden konnte das Kreditvolumen erweitert und damit ein Anstieg der Bilanzsumme erreicht werden, was hauptsächlich durch Baufinanzierungen zustande kam. Im Wertpapiergeschäft war ein Rückgang bemerkbar, sodass die Kunden der Haspa vermehrt in Bausparprodukte anlegten und die Unsicherheit am Kapitalmarkt weiterhin bestehen blieb. Durch die Pleite von Lehmann-Brothers waren ebenfalls Kunden der Haspa betroffen, wobei seitens der Haspa ein Entgegenkommen stattfand und ein teilweiser Ausgleich der Wertpapierverluste erfolgte. Durch eine Pfandbrief-Emmission in 2006 konnte die Haspa eine gute Liquidität erzielen, die über der geforderten Mindestnorm liegt. Die strategische Ausrichtung sollte sich in der Zukunft weiterhin an den Privat- und Firmenkunden orientieren.[71]

5.1.2.2 Geschäftsmodell seit 2018

Die Haspa möchte die größte Multikanalbank der Metropolregion Hamburg werden und die Kundenbedürfnisse der Digitalisierung erfüllen. Durch das neue Filialmodell „Filiale der Zukunft" wird das Filialkonzept grundlegend verändert und konsolidiert. Über die Beratung und die Dienstleistungen des Kreditinstituts hinaus, soll die Filiale von den Kunden als Treffpunkt wahrgenommen werden und die Vernetzung in den Stadtteilen fördern. In den Filialen sollen Events für die Nachbarschaft organisiert, sowie Workshops von und mit den Kunden angeboten werden. Präsentationsflächen werden kostenfrei zu Lesungen oder Konzerten angeboten. Durch den Fokus auf die Nachbarschaft und den Stadtteil, soll die Verbundenheit zu Hamburg als Alleinstellungsmerkmal der Haspa weiter ausgebaut und in den Vordergrund gerückt werden. Im Zeitalter der Digitalisierung werden die Filialen und die Arbeitsplätze modern und in neuen Farben gestaltet, um auch jüngere Kunden anzusprechen und den Anreiz zu schaffen, in die Filiale zu kommen. Durch den neuen Internetauftritt und die Einführung von Apps in Kooperation mit Hamburger Tech-Unternehmen soll es Kunden ermöglicht werden, auf verschiedenen Wegen mit den Beratern in Verbindung zu treten. Unter den Gesichtspunkten der Digitalisierung und der Neuausrichtung soll die Förderung des Geldkreislaufs in Hamburg, das Kerngeschäft der Haspa, weiterhin im Fokus stehen und dem Gemeinwohl in Hamburg dienen. Seit 2008 hat die Haspa das Filialangebot von 250 Filialen auf 130 verringert und in neue Beratungscenter gebündelt. Die Mitarbeiterzahl ist von 5450 in 2008 auf ca. 5000 gesunken, was

---

[71] Vgl. *Hamburger Sparkasse,* Geschäftsbericht 2008, 2009, S. 1 - 9

maßgeblich auf eine Zusammenlegung einiger Standorte zurückzuführen ist. Der Mitarbeiterabbau wird durch die Umwandlung von Gehalt in Urlaub, Sabbaticals, sowie Vorruhestandsgelungen umgesetzt. Durch die anhaltenden Niedrigzinsen sind die Möglichkeiten zum Wirtschaften der Haspa beschränkt, sodass den Kunden die Anreize fehlen, Geld anzulegen und Vorsorge für den Ruhestand zu betreiben. Des Weiteren belasten die Anforderungen an die Kapitalausstattung und Liquidität das Geschäftsmodell und die Wirtschaftlichkeit die Haspa. Durch die Digitalisierung sind die Banken in Deutschland schnelleren Zyklen ausgesetzt und sehen sich neuen Wettbewerbern gegenüber, die Marktanteile im Privat- und Firmenkundenbereich übernehmen. Die Haspa sieht dies als Chance, das digitale Angebot zu erweitern und in Kombination mit der kundennahen Betreuung die Marktposition in Hamburg zu sichern. Durch eine Erhöhung der Positionen der Forderungen an Kunden sowie der Verbindlichkeiten der Kunden konnte eine Bilanzerweiterung erzielt werden. Im gleichen Zuge wurde durch die neuen Kapitalanforderungen dementsprechend die Position des Eigenkapitals erhöht.[72]

5.1.3 Vergleich der Geschäftsmodelle

Vergleicht man nun die Geschäftsmodelle der beiden Banken, fällt zunächst auf, dass beide eine Aktiengesellschaft sind, wobei die Aktien der Commerzbank am freien Kapitalmarkt gehandelt werden und die Aktien der Haspa sich komplett im Besitz einer Holding befinden. Ein großer Unterschied liegt in der Regionalität, da die Haspa das Geschäft auf die Metropolregion Hamburg fokussiert und die Commerzbank ein international agierendes Unternehmen ist. Die Regionalität der Haspa macht sich besonders durch die Filialgestaltung bemerkbar, da die Filialen in gewisser Weise als Marktplatz in der Nachbarschaft wahrgenommen werden sollen. Auch die Produktgestaltung der Haspa ist sehr hanseatisch orientiert, da viele Partner im Giromodell HaspaJoker enthalten sind, bei denen Kunden in Hamburg attraktive Angebote oder Rabatte erhalten. Aufgrund des Geschäftsmodells einer Sparkasse, sollen Kunden durch die Produktgestaltung zum Sparen animiert werden. Die Commerzbank hingegen kann durch das internationale Auftreten kaum gezielt auf beispielsweise den Hamburger Markt eingehen und eine individuelle Produktpalette anbieten. Des Weiteren ist sie im Auslandsgeschäft aktiver, um für Firmen und Konzerne Lösungen für Bezahlungen im europäischen bzw. außereuropäischen Raum zu finden.

---

[72] Vgl. *Hamburger Sparkasse,* Geschäftsbericht 2018, 2019, S. 1 - 15

Beide Kreditinstitute stehen vor zwei großen Herausforderungen. Zum einen kämpfen beide mit den Auswirkungen der Niedrigzinspolitik, da der Leitzins mit 0% eine schwierige Grundlage bildet, Kunden einen attraktiven Anlagezins zu bieten und langfristig an das Unternehmen zu binden. Zum anderen sind beide Institute mit neuen Wettbewerbern konfrontiert, die sich auf Teilbereiche spezialisieren und dadurch einen technischen Fortschritt nutzen können, ohne auf ein breites Filialnetz angewiesen zu sein. Sowohl die Commerzbank als auch die Haspa haben seit langem ein Filialnetz, was für die Kunden bisher immer die Anlaufstelle war, wenn es um die Anlage- oder Kreditberatung ging. Durch die Digitalisierung in allen Bereichen müssen beide Institute auf die veränderten Bedürfnisse der Kunden eingehen und das Filialnetz verkleinern, was mit einem Stellenabbau verknüpft ist. Zudem haben beide Banken ein großes Portfolio an Bankleistungen, die nahezu alle finanziellen Themen der Kunden abdecken. Hier kann man in den Geschäftsmodellen erkennen, dass die beiden Institute sich auf das Kerngeschäft konzentrieren und die Commerzbank sich zum Beispiel aus dem ausländischen Zahlungsverkehr zurückziehen möchte. Durch das gesunkene Vertrauen nach der Finanzkrise fällt es den Kunden zudem leichter, die Bank zu wechseln.

Ein weiteres Thema, was beide Institute beschäftigt, ist die Nachhaltigkeit, die nicht zuletzt durch einen gesellschaftlichen Trend der Gesellschaft in den Fokus gerückt wird.

5.2 Analyse und Vergleich ausgewählter Bilanzpositionen

Im Folgenden werden ausgewählte Bilanzpositionen der Commerzbank und der Hamburger Sparkasse in dem Zeitraum von 2007 bis 2018 betrachtet und auf Zusammenhänge untersucht, die mit den Veränderungen von anderen Bilanzpositionen zusammenhängen, mit der Niedrigzinspolitik der EZB oder mit der Einführung von gesetzlichen Vorschriften zur Liquidität oder des Eigenkapitals. Einige Bilanzpositionen sind zur Vergleichbarkeit ins Verhältnis zur Bilanzsumme der jeweiligen Banken gesetzt, da die Commerzbank im Vergleich zur Sparkasse eine größere Bilanzsumme aufweist. Im Anschluss an die jeweiligen Betrachtungen werden die aufgestellten Hypothesen aus Kapitel 5 überprüft. Als Grundlage für die Bewertung der Kennzahlen dienen die Bilanzen der betrachteten Banken, die in einer externen Tabelle aufgelistet wurden und als Datengrundlage der Grafiken genutzt werden. Generell stellt sich die Frage nach der Validität der Daten. Durch Windowdressing können einzelne Positionen der Bilanz beschönigt werden, sodass beispielsweise durch eine Aufnahme von kurzfristigem Fremdkapital kurz vor Bilanzstichtag eine Erhöhung der Liquidität und insgesamt eine Bilanzausweitung stattfindet.[73] Durch eine Bilanzausweitung wiederrum wird die Eigenkapitalquote beeinflusst, was die Betrachtung einer einzelnen Jahresbilanz möglicherweise invalide erscheinen lässt. Die Analyse dieser Arbeit betrachtet einen Zeitraum von ca. 10 Jahren, sodass möglicherweise langfristige Trends und Zusammenhänge mehrerer Bilanzpositionen erkannt werden können. Zudem haben Unternehmen Gestaltungsspielräume auf gewissen Positionen der Bilanz und der Gewinn und Verlustrechnung, und verschiedene Bewertungsansätze genutzt werden können.

5.2.1 Vergleich des Eigenkapitals

In Abbildung 4 ist die Entwicklung der Eigenkapitalquote beider Banken aufgeführt. Auf der horizontalen Achse sind, wie in allen nachfolgenden Grafiken zu den Bilanzpositionen, immer die Jahre von 2007 bis 2018 aufgezeigt. In die Position des Eigenkapitals werden hierbei das gezeichnete Kapital, die Kapitalrücklage, die Gewinnrücklagen (gesetzliche Rücklagen, Rücklage für eigene Anteile, satzungsmäßige Rücklagen, andere Gewinnrücklagen) sowie der Bilanzgewinn addiert. Auf der vertikalen Achse dieser Grafik befinden sich die Größen zur Eigenkapitalquote. Zur Berechnung der Eigenkapitalquote wurde die Position des Eigenkapital berücksichtigt, zur Erkennung von Zusammenhängen wird zudem noch der Leitzins der EZB angezeigt, da dies ein wesentlicher Faktor für die Veränderungen von Bilanzpositionen einer Bank sein kann. Man kann bei beiden Banken einen deutlichen Anstieg der Quote erkennen. Betrachtet man dazu die absoluten Werte der Bilanzsumme und des Eigenkapitals, fällt hier eine Steigerung auf, sodass eine Bilanzerweiterung der Fall ist. Die Eigenkapitalquote der Haspa hat hierbei eine höhere Steigung, was für Maßnahmen zur Umsetzung der Eigenkapitalvorschriften spricht. Betrachtet man in diesem Zusammenhang das Jahr 2010, in dem die vorläufige Endfassung von Basel III bekanntgegeben wurde, kann man als direkte Reaktion der Haspa in 2011/2012 eine Erhöhung der Eigenkapitalquote erkennen. Zur Einführung von Basel III im Jahre 2013 hat die Haspa mit ca. 5,5% eine deutlich höhere Eigenkapitalquote also die Commerzbank mit ca. 2,3%, was vermuten lässt, dass die Haspa einen Risikopuffer aufbaut, um mögliche Risiken zu minimieren.

---

[73] Vgl. *Selchert, F.,* Windowdressing, 1996, S. 1933

Abbildung 4: Vergleich der Eigenkapitalquote

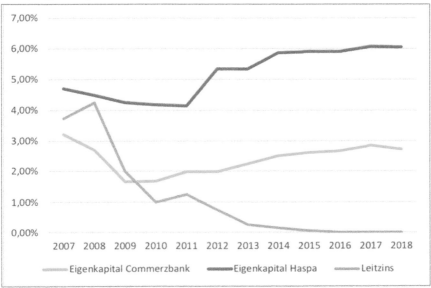

<small>Quelle: Eigene Darstellung mit den Werten der Geschäftsberichte Commerzbank, Hamburger Sparkasse von 2007 – 2018</small>

Betrachtet man nun die Hypothese aus Kapitel 5.1., dass im Zuge der Kapitalvorschriften durch Basel III eine Bilanzkürzung stattfindet, muss man diese These für beide Kreditinstitute einzeln betrachten, da die Bilanzsumme der Commerzbank sich im Verlauf verringert hat und die Bilanz der Haspa seit 2007 kontinuierlich steigt. Um ein Grundverständnis für die Unterschiede der Bilanzsummen zu schaffen, die ebenfalls die Grundlage für die errechneten Kennzahlen bildet, zeigen Abbildung 5 und Abbildung 6 den Verlauf der Bilanzsummen beider Kreditinstitute in den Jahren 2007 bis 2018.

Abbildung 5: Bilanzsumme der Commerzbank in Mio. Euro

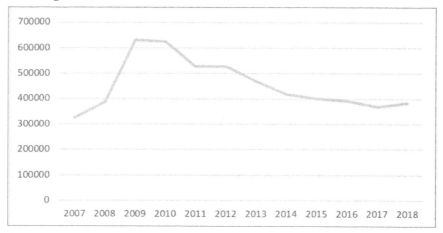

Quelle: Eigene Darstellung mit den Werten der Geschäftsberichte der Commerzbank von 2007 – 2018

Abbildung 6: Bilanzsumme der Hamburger Sparkasse in Tsd. Euro

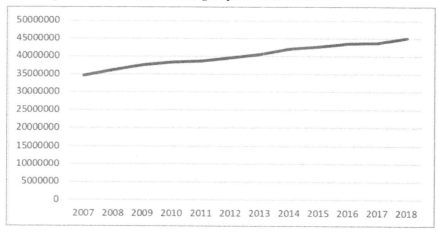

Quelle: Eigene Darstellung mit den Werten der Geschäftsberichte der Hamburger Sparkasse von 2007 – 2018

Die zweite Hypothese besagt, dass aufgrund des niedrigen Zinsniveaus durch die Banken mehr Geld in Unternehmen und damit in die Wirtschaft fließt und zu Investitionen führt, was durch die Eigenkapitalvorschriften mit ausreichend Eigenkapital hinterlegt werden muss. Diese These kann für die Haspa angenommen werden, da wie in den Werten der Bilanzposition gleichzeitig eine Steigerung Bilanzsumme sowie des Eigenkapitals erfolgt. Für die Commerzbank ist durch die sinkende Bilanzsumme ein Blick in die absoluten Werte erforderlich, inwieweit sich das Eigenkapital sowie die vergebenen Kredite erhöhen. Die Überprüfung wird im Kapitel zu den Forderungen erneut aufgegriffen.

5.2.2 Vergleich der Liquidität

In Abbildung 7 werden die Barreserven der Commerzbank und die Barreserven der Haspa dargestellt. Auf der horizontalen Achse sind die Jahre 2007 bis 2018 angezeigt und auf der vertikalen Achse zur Vergleichbarkeit die Quote der Barreserve im Verhältnis zur Bilanzsumme. Ebenfalls ist der Verlauf des Leitzinses angezeigt, um darzustellen, wie hoch die Kosten zur Refinanzierung bei der Bundesbank in den Jahren jeweils waren. Man sieht, dass die Bewegung der Graphen nach der Finanzkrise zunächst keinen klaren Trend aufweist und erst mit der Senkung des Leitzinses auf 0% ein Anstieg der Barreserven zu erkennen ist. Bei der Commerzbank ist ein stetiger Anstieg zu erkennen, der ab 2014 innerhalb von vier Jahren von ca. 1,5% auf über 12% steigt, was die Frage nach der Validität aufwirft. Die Kennzahl der Liquidität ist zum Bilanzstichtag insofern zu beeinflussen, dass kurz vor Bilanzstichtag ein kurzfristiger Kredit aufgenommen werden kann und diese Kennzahl damit in beliebigem Maße angepasst wird. Die Hypothese aus Kapitel 5.2 kann somit teilweise beantwortet werden, sodass eine günstige Refinanzierung durch einen niedrigen Leitzins zu einem Anstieg der Barreserven führt.

Abbildung 7: Barreserve (Kassenbestand, Guthaben bei der Deutschen Bundesbank)

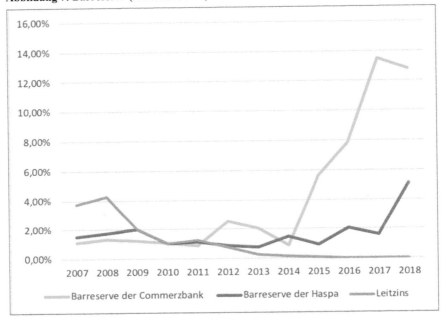

Quelle: Eigene Darstellung mit den Werten der Geschäftsberichte Commerzbank, Hamburger Sparkasse von 2007 – 2018

Betrachtet man die Positionen der Barreserve und des Guthabens bei der Deutschen Bundesbank in den Bilanzen genauer, erkennt man einen geringen Anteil an direkten Barreserven in der Kasse, sodass ein Großteil als Guthaben bei der Deutschen Bundesbank vorhanden ist. Da in diesem Vergleich lediglich die Barreserven betrachtet werden, gibt es weitere Positionen, die ebenfalls in die Bewertung der kurzfristig zur Verfügung stehenden Liquiden Mittel mit einbezogen werden können. Dies sind beispielsweise Wertpapiere, die unmittelbar an der Börse veräußert werden können, sodass ein direkter Liquiditätszufluss erzielt wird.

5.2.3 Vergleich Zinsertrag und Zinsaufwand

Im Zuge der Niedrigzinspolitik der EZB sind die Positionen des Zinsertrages und des Zinsaufwands in der GuV direkt an diese Politik gebunden und reagieren stark auf den Leitzins. Zudem stellen sie das Kerngeschäft der klassischen Banken dar, was bedeutet, dass eine Entscheidung der EZB weitreichende Folgen für die Wirtschaftlichkeit und die strategische Ausrichtung einer Bank hat. Schaut man sich zunächst die Erträge durch Zinsen an, die in der nachfolgenden

Grafik als Zinsertragsspanne dargestellt sind, erkennt man bereits einen starken Zusammenhang der Zinsen. Bei der Haspa kann man hier einen kontinuierlichen Rückgang der Zinserträge
erkennen. Bei der Commerzbank zeigt sich ein eher horizontaler Verlauf. Seit dem Jahr 2014.
Als der Leitzins beinahe bei 0% lag, waren die Zinsertragsspannen der beiden Kreditinstitute
bei ca. 3% auf einer Höhe. Seit 2014 und bis zum Bilanzstichtag am 31.12.2018 haben beide
Institute einen Rückgang von ca. 1% zu verzeichnen.

Abbildung 8: Zinsertragsspanne

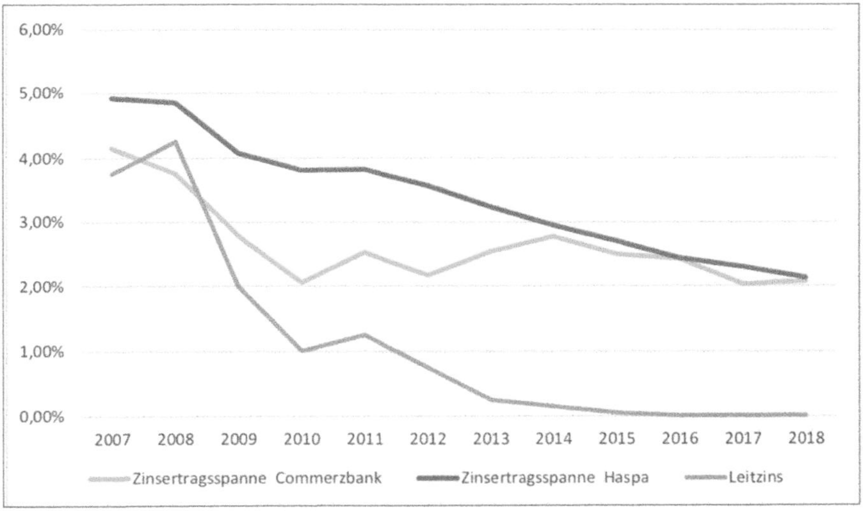

Quelle: Eigene Darstellung mit den Werten der Geschäftsberichte Commerzbank, Hamburger Sparkasse von 2007
– 2018

Da die Erträge nicht ausschließlich durch Zinsen, sondern auch durch Erträge aus Gewinngemeinschaften, Gewinnabführungs- oder Teilgewinnabführungserträgen sowie laufender Erträge bestehen, kann es hier zu Abweichungen kommen, da die Haspa einen sehr regionalen
Fokus hat und die Commerzbank international agiert und dadurch möglicherweise Unterschiede durch eine andere Allokation des Produktportfolios entstehen. Insgesamt geht bei beiden Banken allerdings der größte Teil aus den Zinserträgen von Kredit- und Geldmarktgeschäf-
ten aus.

Betrachtet man dem gegenüber nun die Zinsaufwandsspanne, wie in Abbildung 8 dargestellt,
erkennt man einen sehr homogene Verlauf der beiden Kreditinstitute über den Zeitraum von

ca. 10 Jahren. Zudem verlaufen die Graphen im ähnlichen Maße aufwärts wie der Leitzins abwärts. Man kann außerdem leichte Ausmaße der geglaubten Erholung in 2011 erkennen, da
hier der Leitzins zunächst ansteigt und die Ertragsspannen der Kreditinstitute sich dementsprechend ins Negative drehen. Durch die nachfolgende Senkung des Leitzinses aufgrund der Krise,
bewegen sich ebenfalls die Ertragsspannen der beiden Institute in Richtung der horizontalen
Achse.

Abbildung 9: Zinsaufwandsspanne

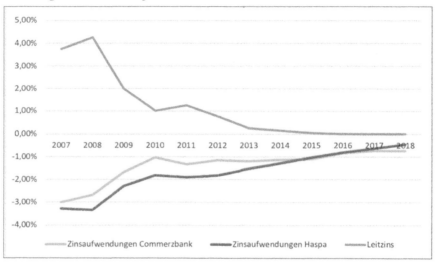

Quelle: Eigene Darstellung mit den Werten der Geschäftsberichte Commerzbank, Hamburger Sparkasse von 2007
– 2018

Durch die direkte Refinanzierung über Bundesbankgeld liegt eine Korrelation des Leitzinses
und der Zinsaufwandsspanne der Banken nahe. Ein Faktor, der einen Unterschied der beiden
Graphen der Banken ausmacht, kann in der Anlage von Kundengeldern liegen. Dadurch, dass
nicht die gesamte Refinanzierung einer Bank über die Bundesbank erfolgt, sondern ebenfalls
klassisch über Kundengelder, gibt es hier zunächst einen Unterschied im Zinsangebot der Banken, die nicht zeitgleich mit der Änderung des Leitzinses eingehen und vorab eine Entscheidung
über strategischer Ausrichtung, Produktentwicklung und Vertrieb verlangen.

Ein anderer Faktor ist die Bilanzkürzung der Commerzbank, durch die eine Schwankung in den
Kennzahlen erfolgt, da die absoluten Werte im Verhältnis zur Bilanzsumme gesetzt werden.

Ein weiterer Faktor ist die Laufzeit der Sparprodukte von Anlegern, bei der ein Zins über die Länge der Laufzeit festgelegt ist. Die strategische Entscheidung der Bank spielt hier ebenfalls eine Rolle, da ein Absenken der Zinssätze von den Kunden zunächst nicht positiv aufgenommen wird und die wirtschaftlichen Zusammenhänge von vielen Kunden nicht gesehen werden. Kombiniert man nun die Zinsertragsspanne und die Zinsaufwandsspanne, erhält man die Bruttozinsspanne. Sie gibt Auskunft über den durchschnittlichen Aktivzins einer Bank und sollte im positiven Bereich liegen, damit eine Bank wirtschaften kann. Man kann in der folgenden Grafik sehen, dass die Haspa eine nahezu konstante Bruttozinsspanne beibehalten konnte, die sich im Verlaufe von 10 Jahren kaum verändert hat. Bei der Commerzbank konnte zudem eine leichte Steigerung erzielt werden, wobei beide Kreditinstitute aktuell in 2018 bei ca. 1,5% liegen.

Abbildung 10: Bruttozinsspanne

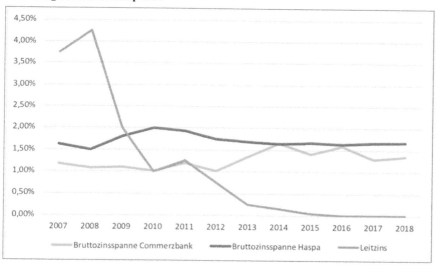

Quelle: Eigene Darstellung mit den Werten der Geschäftsberichte Commerzbank, Hamburger Sparkasse von 2007 – 2018

Dies ist zunächst positiv für die Wirtschaftlichkeit beider Unternehmen, sodass vor dem Hintergrund einer jährlich steigenden Bilanzsumme der Haspa ein gleichbleibender Bruttozins erwirtschaftet werden kann und die Commerzbank in Folge einer sinkenden Bilanzsumme ebenfalls das Verhältnis konstant halten kann. Die Hypothese aus Kapitel 5.3, bei der durch sinkende Zinsen zur Refinanzierung eine größere Bruttozinsspanne erwirtschaftet werden kann, weil das günstige Kapital nicht auf die Anleger umgelegt wird, kann man dadurch teilweise ablehnen.

Die Bruttozinsspanne bleibt unverändert und steigt nicht, was damit zusammenhängt, dass die günstigen Refinanzierungskosten zwar an den Kunden weitergegeben werden aber nicht komplett, damit die konstante Bruttozinsspanne von ca. 1,5% erzielt werden kann.

Die Banken in Deutschland stehen in direkter Konkurrenz, sodass durch den Wettbewerb die Kreditzinsen nach unten korrigiert werden, um konkurrenzfähig zu bleiben. In dieser Hinsicht erfüllt die EZB ihr Ziel, ein großes Geldvolumen in die Wirtschaft zu leiten und sorgt dafür, dass sich Unternehmen günstig Kredit von den Banken leihen können, um Investitionen zu tätigen und damit ein Wirtschaftswachstum zu erzielen.

5.2.4   Vergleich der Verbindlichkeiten

Beim Vergleich der Verbindlichkeiten gegenüber Kunden und Kreditinstituten wird im Folgenden jedes Kreditinstitut einzeln betrachtet, um die Unterschiede zwischen den Kundeneinlagen und den Kreditinstitutseinlagen deutlich zu machen. Die betrachteten Positionen sind die Einlagen mit einer täglichen Verfügbarkeit sowie einem längerfristigen Anlagehorizont. Man erkennt bei der Commerzbank nach Ausbruch der Krise kaum eine Veränderung, wobei hier die Übernahme der Dresdner Bank in 2009 eine Rolle spielt, die zu einer Bilanzerweiterung führte. Trotz dessen kann man im Verlauf einen Aufwärtstrend erkennen, sodass die Kunden nach der Krise weiterhin Anlagen in die Produkte der Commerzbank tätigten. Auch mit dem Hintergrund der Bilanzverkürzung ab 2010 sieht man eine Steigerung in den absoluten Zahlen der Kundenverbindlichkeiten. Auch zu erkennen ist ein leichter Rückgang nach 2013. Der Graph der Verbindlichkeiten gegenüber Kreditinstituten hingegen bewegt sich nach Ausbruch der Krise abwärts, sodass das Volumen im Interbankenmarkt in dieser Position abgenommen hat. Ebenfalls kann man hier einen Aufwärtstrend nach 2013 mit einem anschließenden Abfallen bis 2018 erkennen.

Abbildung 11: Verbindlichkeiten der Commerzbank

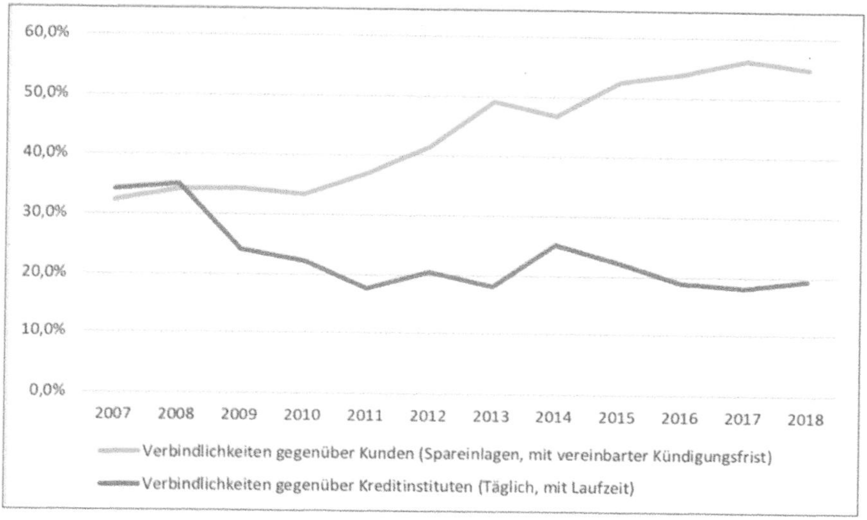

Quelle: Eigene Darstellung mit den Werten der Geschäftsberichte der Commerzbank von 2007 – 2018

Die Hypothese, dass Kunde in Ermangelung von Alternativen am Kapitalmarkt ihr Kapital konsumieren und nicht bei einer Bank anlegen, die kaum Verzinsung anbietet, kann bei der Commerzbank nicht bestätigt werden, da die Verbindlichkeiten gegenüber Kunden kontinuierlich steigen. Vielmehr scheinen Sparer den Wertverlust durch die Inflation in Kauf zu nehmen und zu warten, bis der Kurs der EZB sich ändert, sodass der Leitzins erhöht wird.

Die Hypothese zum Interbankenmarkt, dass dieser nach der Krise von einem Vertrauensverlust geprägt ist, kann in Hinblick auf die sinkenden Verbindlichkeiten direkt nach der Krise teilweise bestätigt werden, da das Niveau seit 2011 ähnlich ist und in der Bilanz von 2017 auf 2018 eine Steigerung zu erkennen ist. Die Verbindlichkeiten gegenüber Kunden sind mit über 50% der gesamten Bilanzsumme hoch und eine wichtige Position zur Mittelbeschaffung der Commerzbank.

Schaut man sich nun im Vergleich dazu die Verbindlichkeiten seitens der Haspa an, erkennt man durchweg einen Seitwärtstrend der beiden Positionen. Seit 2007 konnten die Verbindlichkeiten gegenüber Kunden gesteigert werden, was zunächst ebenfalls gegen die Hypothese spricht, dass Kunden den Banken misstrauen und ihr Geld abheben bzw. konsumieren.

Abbildung 12: Verbindlichkeiten der Hamburger Sparkasse

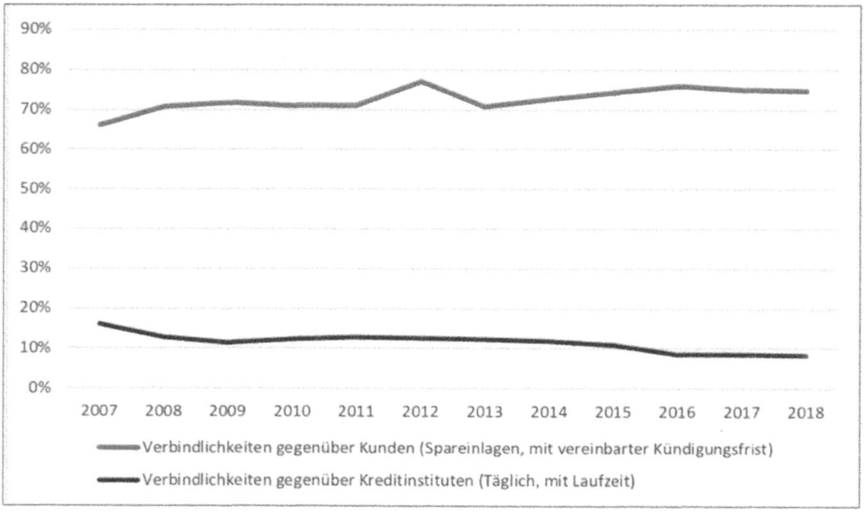

Quelle: Eigene Darstellung mit den Werten der Geschäftsberichte der Hamburger Sparkasse von 2007 – 2018

Mit einem leichten Abfallen der Verbindlichkeiten gegen über Kreditinstituten, aber einer durchgängigen Quote von ca. 10%, kann man erkennen, dass die Haspa im Gegensatz zur Commerzbank weniger am Interbankenmarkt beteiligt ist und mit durchschnittlich 70% sehr stark von den Verbindlichkeiten gegenüber Kunden abhängig ist. Dies kann in dem Geschäftsmodell der Haspa begründet sein, dass hier Anreize geschaffen werden sollen die Kunden zum Sparen zu animieren.

Zusammengefasst ergeben die Verbindlichkeiten gegenüber Kunden sowie gegenüber Kreditinstituten einen Wert von 83%, sodass hier ein großer Zusammenhang mit dem Leitzins besteht und eine Veränderung des Zinses beide Banken vor eine große Herausforderung stellt.

5.2.5 Vergleich der Forderungen

Vergleicht man nun die Forderungen beider Institute sowohl in Hinblick auf die Finanzkrise als auch auf die gesetzlichen Regelungen, kann man einen guten Überblick erhalten, wieviel Eigenkapital zu den Forderungen hinterlegt wird. Teilt man das Eigenkapital durch die Forderungen an Kunden und multipliziert das Ergebnis mit 100, erhält man eine Quote, die als Risikopuffer bezeichnet werden kann. Falls nun die Forderungen ausfallen, gibt die Quote an, wieviel Prozent des Kreditvolumens dadurch gesichert wären. Eine Besonderheit bei den Forderungen an Kunden ist die jeweilige Laufzeit der Forderungen. Betrachtet man die Zeit nach der Finanz-krise, kann man in der folgenden Grafik erkennen, dass es eine leichte Senkung der Quote gab, was bedeutet, dass entweder das Kreditvolumen zugenommen hat oder sich das Eigenkapital verringert hat.

Abbildung 13: Verhältnis von Eigenkapital zu Forderungen an Kunden

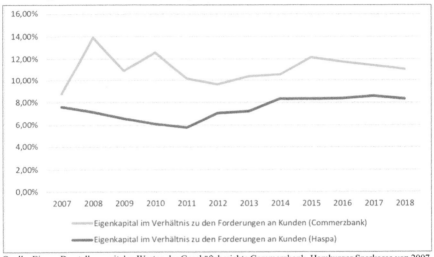

Quelle: Eigene Darstellung mit den Werten der Geschäftsberichte Commerzbank, Hamburger Sparkasse von 2007 – 2018

In Folge der Finanzkrise gab es bei vielen Banken Forderungsausfälle, die durch das Eigenka-pital getragen werden musste. Betrachtet man die absoluten Zahlen der Bilanz, kann man aller-dings erkennen, dass die Forderungen der Haspa seit 2007 kontinuierlich angestiegen sind. Da-hingehen nahm das Eigenkapital bis 2009 ab und erst im Anschluss zu. Durchschnittlich sind die Forderungen an Kunden der Haspa mit 8% Eigenkapital hinterlegt.

Bei der Commerzbank erkennt man keinen kontinuierlichen Graphen und die Quote schwankt, was mit einem Blick auf die absoluten Zahlen damit zusammenhängt, das sich sowohl das Ei-genkapital als auch die Forderungen an Kunden auf und ab bewegen und erst seit 2015 auf einem Niveau sind. Insgesamt ist die Quote oberhalb der der Haspa, was einerseits bedeuten kann, dass sie gut auf Kreditausfälle vorbereitet sind. Andererseits geht eine hohe Quote zu Lasten der Rentabilität, da das Eigenkapital nicht effektiv für das Aktivgeschäft genutzt wird.

Die Hypothese, dass sich sowohl das Kreditvolumen als auch das Eigenkapital erhöht, kann für die Haspa komplett angenommen werden, da beide Werte nach der Finanzkrise kontinuierlich steigen. Dies spricht dafür, dass die Haspa als regionales Institut zwar von der Krise betroffen ist, allerdings im geringeren Maße als andere Kreditinstitute.

Für die Commerzbank kann diese Hypothese nicht angenommen werden, da die Steigerung des Eigenkapitals und der Forderungen an Kunden erst ab 2015 eintritt. Als internationales Kreditinstitut sind sie möglicherweise enger mit dem amerikanischen Markt verbunden und stärker von der Krise betroffen.

Betrachtet man nun, in Abbildung 14 aufgeführt, die Forderungen an Kreditinstitute, die täglich sowie mit Laufzeit fällig sind im Verhältnis zur Bilanzsumme an, kann man sehen, dass beide kontinuierlich absinken und lediglich der Graph der Haspa seit 2010 im Korridor von 5% - 10% pendelt.

Abbildung 14: Forderungen an Kreditinstitute im Verhältnis zur Bilanzsumme

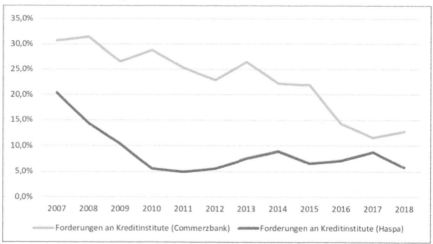

Quelle: Eigene Darstellung mit den Werten der Geschäftsberichte Commerzbank, Hamburger Sparkasse von 2007 – 2018

Durch diesen Verlauf kann die Hypothese, dass die Banken untereinander kaum Forderungen haben und der Interbankenmarkt zum Erliegen kommt, bestätigen und dadurch begründen, dass entweder das Vertrauen unter den Banken verloren ist oder die Refinanzierung durch die Bundesbank unkomplizierter und günstiger ist. Durch die Quoten der beiden Kreditinstitute kann man zudem erkennen, dass die Haspa im Vergleich zur Commerzbank weniger am Interbankenmarkt agiert.

Betrachtet man nun in Abbildung 15 die Forderungen an Kunden im Verhältnis zur Bilanz-summe, kann man erkennen, dass beide aufwärts verlaufen, die Quote der Haspa allerdings oberhalb der Quote der Commerzbank. Die Kennzahl gibt an, welchen Stellenwert das Aktiv-geschäft der Banken zur Bilanzsumme hat und wie abhängig ein Kreditinstitut vom Kreditge-schäft ist.

Abbildung 15: Forderungen an Kunden im Verhältnis zur Bilanzsumme

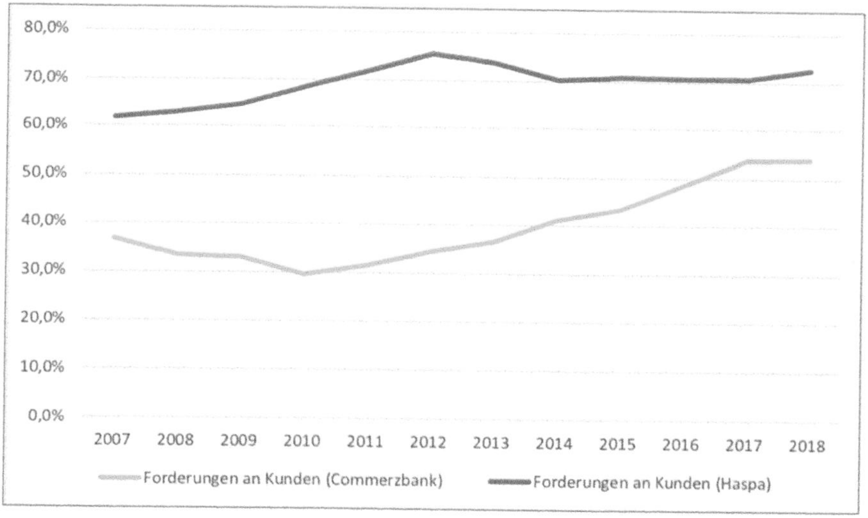

Quelle: Eigene Darstellung mit den Werten der Geschäftsberichte Commerzbank, Hamburger Sparkasse von 2007 – 2018

Hier wird deutlich, dass das Kreditgeschäft der Haspa mit ca. 70% Forderungen an Kunden in 2018 einen sehr großen Teil im Aktivgeschäft ausmacht. Dahingegen fällt die Kennzahl bei der Commerzbank mit ca. 50% niedriger aus, macht allerdings immer noch einen wesentlichen Teil der Bilanzsumme aus. Die Kennzahlen unterstreichen erneut das Geschäftsmodell der Spar-kasse, bei dem es primär um die Vermittlung von Kapitalgeber und Kapitalnehmer geht und das Ziel, den Markt mit ausreichend Liquidität zu versorgen.

6   Fazit und Ausblick

Das Ziel dieser Arbeit war die Auswirkungen der Niedrigzinspolitik auf deutsche Banken zu untersuchen. Um ein Verständnis zu schaffen, weshalb die EZB eine Niedrigzinspolitik betreibt, wurden zunächst die Hintergründe der Finanzkrise erläutert. Anschließend wurden chronologisch die Auswirkungen der Finanzkrise auf die Regulatorik des europäischen Bankensektors aufgezeigt und eine mögliche Auswirkung auf die Bilanz der ausgewählten Banken Commerzbank AG und Hamburger Sparkasse AG.

Im praktischen Teil der Arbeit wurden zunächst die regionale Hamburger Sparkasse AG und die Commerzbank AG vorgestellt und wie unterschiedlich sich die Niedrigzinspolitik auf beide Kreditinstitute auswirken kann. Um den Zusammenhang der Finanzkrise, der Niedrigzinspolitik der EZB sowie der neuen Eigenkapitalvorschriften herzustellen, wurden ausgewählte Bilanzpositionen in Verbindung mit dem Eigenkapital, des Zinsgeschäftes, sowie der Forderungen und Verbindlichkeiten an Kunden erläutert.

Zu jeder Hypothese wurde argumentiert, weshalb sich eine Position verändert oder weshalb die Veränderung nicht entsprechend eingetreten ist. Bei beiden Kreditinstituten ist ein kontinuierlicher Anstieg der Eigenkapitalquote zu erkennen, was als eine Maßnahme im Rahmen der Basel III Vorschriften gedeutet werden kann. Da in der Bilanz der Commerzbank nach der Übernahme der Dresdner Bank in 2009 eine Bilanzkürzung zu erkennen ist, muss dies in die Bewertung der Kennzahlen einbezogen werden.

Beim Vergleich der Liquidität wurde die Barreserve beider Kreditinstitute betrachtet, wobei beide Institute einen Anstieg der Barreserve in 2018 verzeichnen, man allerdings die Wertigkeit dieser Kennzahl in Frage stellen muss. Zur Barreserve wurden in der Forschung die Kassenbestände sowie die Sichteinlagen bei der Deutschen Bundesbank betrachtet, welche durch eine kurzfristige Kreditaufnahme vor Bilanzstichtag beeinflusst werden können. Zudem wurden weitere Positionen, die eine kurzfristige Liquidität erzeugen können, nicht in die Kennzahl mit aufgenommen, sodass hier weitere Kennzahlen zur Bewertung notwendig sind.

Eine Bilanzposition, die signifikante Auswirkungen der Niedrigzinspolitik zeigen sollte, sind die Zinserträge sowie die Zinsaufwendungen. In der Bilanzanalyse wurden hier zunächst die Zinsertragsspanne sowie die Zinsaufwandsspanne untersucht und die Hypothesen, dass sowohl der Zinsertrag als auch der Zinsaufwand bei einem sinkenden Leitzins bei beiden Kreditinstituten sinken müsste, konnte verifiziert werden. Betrachtet man nun allerdings die Bruttozinsspanne der beiden Institute, erkennt man ein gleichbleibendes Niveau, was sowohl die Commerzbank als auch die Hamburger Sparkasse im Verlauf von 2007 bis 2018 halten und sogar marginal steigern konnten. Dies ist eine interessante Erkenntnis, da die Gewinnmarge trotz eines Niedrigzinsniveaus gehalten werden kann und die Kunden weiterhin bei den Kreditinstituten Kapital anlegen und leihen.

In der Betrachtung der Verbindlichkeiten der Spareinlagen und mit einer vereinbarten Kündigungsfrist der Commerzbank zeichnet sich ebenfalls ab, dass die Kunden trotz der niedrigen Verzinsung weiterhin Kapital anlegen. Bei der Hamburger Sparkasse zeichnet sich eine leichte Steigung ab, und die Kunden legen weiterhin ihr Kapital zu einer niedrigen Verzinsung an. Den Rückgang im Interbankenmarkt kann man bei beiden Kreditinstituten beobachten, obwohl dieser bei der Hamburger Sparkasse einen geringen Teil der Verbindlichkeiten ausgemacht hat, was an der Regionalität und Größe liegen kann.

Die Eigenkapitalhinterlegung der Forderungen der Commerzbank sind seit 2007 durch Schwankungen im Korridor von ca. 8,5% und 14% ausgezeichnet, wohingegen die Kennzahl der Hamburger Sparkasse kontinuierlich bei ca. 8% mit einer steigenden Tendenz liegt. Dadurch, dass für die Verbindlichkeiten je nach Risikogewichtung ein unterschiedlicher Anteil an Eigenkapital hinterlegt sein muss, kann dies ein Indiz dafür sein, dass die Forderungsausfälle bzw. die Risikoforderungen der Hamburger Sparkasse niedriger sind.

Betrachtet man die Forderungen an Kreditinstitute im Verhältnis zur Bilanzsumme, spricht eine sinkende Quote beider Kreditinstitute für die These, dass der Interbankenmarkt nach 2007 stark abgenommen hat.

Setzt man die Kundenforderungen ins Verhältnis zur Bilanzsumme, kann man erkennen, dass dieses Aktivgeschäft der Hamburger Sparkasse aktuell 70% ausmacht, wodurch sich das Geschäftsmodell der klassischen Sparkasse auszeichnet. Betrachtet man die vorliegenden Bilanzkennzahlen, ist die Hamburger Sparkasse mit einem regionalen Fokus von der Niedrigzinspolitik der EZB keiner so starken Volatilität ausgesetzt wie die Commerzbank.

Durch die Betrachtung der ausgewählten Bilanzpositionen kann man deutlich erkennen, dass die Niedrigzinspolitik eine Auswirkung auf die deutschen Banken hat. Die Auswahl der Daten aus den Bilanzen der Kreditinstitute sind sehr valide und es konnten interessante Beobachtungen gemacht werden. Aufgrund der Komplexität der Bankbilanzen konnten einige Bilanzpositionen nur oberflächlich betrachtet werden, sodass die Aussage beispielsweise einer Barreserve im Verhältnis zur Bilanzsumme keine genaue Interpretation zulässt. Um die Auswirkungen auf eine Position genauer zu beleuchten, ist es erforderlich, tiefer in die einzelnen Positionen und deren Bewertungen einzugehen, sodass sich hier eine Forschungsarbeit auf eine einzelne Bilanzposition beziehen könnte.

Die Regulierungen durch MiFID II, MiFIR stärken den Anlegerschutz, der die Transparenz im Kapitalmarkt erhöht, sorgen allerdings auch für Einschränkungen in der Beratung, da umfassende Auflagen durch Protokolle und Auszeichnung vorausgesetzt werden. Durch Basel III und Bankenstresstests können Eigenkapitalrisiken besser erkannt werden und präventiv für weitere Krisen wirken, wobei die Wirtschaftlichkeit einer Bank durch Regularien eingeschränkt wird. Die Niedrigzinspolitik der EZB zur Krisenbewältigung und Stabilisierung der Wirtschaft geht teilweise auf, da durch expansive Geldpolitik der Wirtschaft über Banken ein hohes Geldvolumen zur Verfügung gestellt wird. Wird diese Politik allerdings weiterhin über mehrere Jahre betrieben und möglicherweise noch weiter in den negativen Bereich gesenkt, wird das Kapital der Anleger verzehrt und der Grundgedanke der erhöhten Kreditvergabe kann, da nicht genug Kapitalnachfrage besteht, möglicherweise nicht durchgesetzt werden.

Weitere Faktoren im Zusammenhang mit den Auswirkungen der Niedrigzinspolitik, die in dieser Forschungsarbeit nicht weiter betrachtet wurden, sind beispielsweise die Digitalisierung, die die Eintrittsbarrieren für neue Wettbewerber im Bankensektor senkt.

Aus den Geschäftsmodellen der Commerzbank und der Hamburger Sparkasse wird bereits deutlich, dass der Markt schnellere Zyklen durchläuft und die Unternehmen ihr Geschäftsmodell agil und flexibel gestalten müssen. Zudem müssen Sie sich auf ihr Kerngeschäft konzentrieren, um profitabel zu wirtschaften und Kosten für die Infrastruktur zu reduzieren.

Literaturverzeichnis

Bank for International Settlements, (Basel II Framework, 2009): Enhancements to the Basel II framework, Basel, Schweiz: Bank for International Settlements, 2009

Blessing, Martin, (Roadmap 2012, 2009): Roadmap 2012: Fokussierung, Optimierung, Reduzierung, Frankfurt am Main: Ohne Verlag, 2009

Blinder, Alan S., (Music Stopped, 2013): After The Music Stopped: The Financial Crisis, the Response, and the Work Ahead, München: Penguin Verlag, 2013

Botsis, Dionysios, Hansknecht, Stephan, Hauke, Christoph, Janssen, Nils, Kaiser, Björn, Rock, Thomas (Kennzahlensysteme für Banken, 2015): Kennzahlen und Kennzahlensysteme für Banken, Wiesbaden: Springer Gabler, 2015

Buchholz, Liane, (Negative Zinsen, 2015): Negative Zinsen - Konsequenzen für Banken und ihre Kunden, Berlin: VÖB, Bundesverband öffentlicher Banken Deutschlands, 2015

Bundesbank, (Geldpolitik der EZB, 2011): Geldpolitik der Europäischen Zentralbank, Frankfurt am Main: Europäische Zentralbank, 2011

Clarkson, Brian, (Ratingagenturen, 2008):"Wir haben uns verschätzt" – Finanzkrise Brian Clarkson, COO von Moody's, über die Fehler der Ratingagenturen, in: Manager Magazin, (2008), Nr. 3, S. 52

Commerzbank, (Jahresabschluss 2007, 2008): Jahresabschluss zum Geschäftsjahr vom 01.01.2007 bis zum 31.12.2007, Frankfurt am Main, 2008

- (Jahresabschluss 2008, 2009): Jahresabschluss zum Geschäftsjahr vom 01.01.2008 bis zum 31.12.2008, Frankfurt am Main, 2009

- (Jahresabschluss 2009, 2010): Jahresabschluss zum Geschäftsjahr vom 01.01.2009 bis zum 31.12.2009, Frankfurt am Main, 2010

- (Jahresabschluss 2010, 2011): Jahresabschluss zum Geschäftsjahr vom 01.01.2010 bis zum 31.12.2010, Frankfurt am Main, 2011

- (Jahresabschluss 2011, 2012): Jahresabschluss zum Geschäftsjahr vom 01.01.2011 bis zum 31.12.2011, Frankfurt am Main, 2012

- (Jahresabschluss 2012, 2013): Jahresabschluss zum Geschäftsjahr vom 01.01.2012 bis zum 31.12.2012, Frankfurt am Main, 2013

- (Jahresabschluss 2013, 2014): Jahresabschluss zum Geschäftsjahr vom 01.01.2013 bis zum 31.12.2013, Frankfurt am Main, 2014

- (Jahresabschluss 2014, 2015): Jahresabschluss zum Geschäftsjahr vom 01.01.2014 bis zum 31.12.2014, Frankfurt am Main, 2015

- (Jahresabschluss 2015, 2016): Jahresabschluss zum Geschäftsjahr vom 01.01.2015 bis zum 31.12.2015, Frankfurt am Main, 2016

Commerzbank, (Jahresabschluss 2017, 2018): Jahresabschluss zum Geschäftsjahr vom 01.01.2017 bis zum 31.12.2017, Frankfurt am Main, 2018

- (Jahresabschluss 2016, 2017): Jahresabschluss zum Geschäftsjahr vom 01.01.2016 bis zum 31.12.2016, Frankfurt am Main, 2017

- (Jahresabschluss 2018, 2019): Jahresabschluss zum Geschäftsjahr vom 01.01.2018 bis zum 31.12.2018, Frankfurt am Main, 2019

Dietz, Thomas, (Liquiditätsrisikomanagement, 2010): Liquiditätsrisikomanagement in Banken und aus der Sicht der Bankenaufsicht, in: Zeranksi, S. (Hrsg.), Ertragsorientiertes Liquiditätsrisikomanagement, 2010, S. 10 – 12, Heidelberg, 2010

Dill, Arthur, Lieven, Theo (Internationale Realwirtschaft, 2009): Folgen der Krise für die internationale Realwirtschaft, in: Elschen, R., Lieven, T. (Hrsg.), Der Werdegang der Krise, von der Subprime- zur Systemkrise, 2009, S. 200 ff., Wiesbaden, 2009

Egidy, Stefanie, (Finanzkrise und Verfassung, 2019): Finanzkrise und Verfassung: Demokratisches Krisenmanagement in Deutschland und den USA, Tübingen: Mohr Siebeck, 2019 (zugl. Diss. Julius-Maximilians-Universität Würzburg 2016)

Ehrensberger, Wolfgang, (Gift für das Wachstum, 2016): „Gift für das Wachstum", in: Euro am Sonntag, Heft 30 (2016), München: Finanz-Verlag, S. 12

Goedeckemeyer, Karl-Heinz, (Risiko-Kennzahlen, 2014): Veränderte Risiko-Kennzahlen europäischer Banken, in: Die Bank, Heft 11 (2014), Köln: Bank-Verlag, S. 35 - 37

Hader, Jan, Bryazgin, Kyrill, Lieven, Theo, (Internationale Finanzwirtschaft, 2009): Folgen der Krise für die internationale Finanzwirtschaft, in: Elschen, R., Lieven, T. (Hrsg.), Der Werdegang der Krise, von der Subprime- zur Systemkrise, 2009, S. 145 ff., Wiesbaden, 2009

Hagenmüller, Karl F., Diepen, Gerhard, (Der Bankbetrieb, 1987): Der Bankbetrieb. Lehrbuch und Aufgabensammlung, Aufl. 11, Wiesbaden: Springer Fachmedien, 1987

Hamburger Sparkasse, (Jahresabschluss 2007, 2008): Jahresabschluss zum Geschäftsjahr vom 01.01.2007 bis zum 31.12.2007, Hamburg, 2008

- (Jahresabschluss 2008, 2009): Jahresabschluss zum Geschäftsjahr vom 01.01.2008 bis zum 31.12.2008, Hamburg, 2009

- (Jahresabschluss 2009, 2010): Jahresabschluss zum Geschäftsjahr vom 01.01.2009 bis zum 31.12.2009, Hamburg, 2010

- (Jahresabschluss 2010, 2011): Jahresabschluss zum Geschäftsjahr vom 01.01.2010 bis zum 31.12.2010, Hamburg, 2011

- (Jahresabschluss 2011, 2012): Jahresabschluss zum Geschäftsjahr vom 01.01.2011 bis zum 31.12.2011, Hamburg, 2012

- (Jahresabschluss 2012, 2013): Jahresabschluss zum Geschäftsjahr vom 01.01.2012 bis zum 31.12.2012, Hamburg, 2013

Hamburger Sparkasse, (Jahresabschluss 2007, 2008): Jahresabschluss zum Geschäftsjahr vom 01.01.2007 bis zum 31.12.2007, Hamburg, 2008

- (Jahresabschluss 2013, 2014): Jahresabschluss zum Geschäftsjahr vom 01.01.2013 bis zum 31.12.2013, Hamburg, 2014

- (Jahresabschluss 2014, 2015): Jahresabschluss zum Geschäftsjahr vom 01.01.2014 bis zum 31.12.2014, Hamburg, 2015

- (Jahresabschluss 2015, 2016): Jahresabschluss zum Geschäftsjahr vom 01.01.2015 bis zum 31.12.2015, Hamburg, 2016

- (Jahresabschluss 2016, 2017): Jahresabschluss zum Geschäftsjahr vom 01.01.2016 bis zum 31.12.2016, Hamburg, 2017

- (Jahresabschluss 2017, 2018): Jahresabschluss zum Geschäftsjahr vom 01.01.2017 bis zum 31.12.2017, Hamburg, 2018

- (Jahresabschluss 2018, 2019): Jahresabschluss zum Geschäftsjahr vom 01.01.2018 bis zum 31.12.2018, Hamburg, 2019

Hayo, Bernd, (Leitzins, 2013): EZB-Leitzins auf historischem Tief: richtig, aber wenig wirkungsvoll, in: Wirtschaftsdienst, Zeitschrift für Wirtschaftspolitik, 2013, Nr. 5, S. 278

Heesen, Bernd, (Liquiditätsmanagement, 2016): Cash- und Liquiditätsmanagement, Aufl. 3, Wiesbaden: Springer Fachmedien, 2016

- (Basiswissen Bilanzanalyse, 2017): Basiswissen Bilanzanalyse, Aufl. 2, Wiesbaden: Springer Fachmedien, 2017

Hellmich, Martin, (Konsolidierung des Bankensektors, 2016): Die Konsolidierung des Bankensektors ist überfällig, in: Risiko Manager, Heft 1 (2016), Köln: Bank-Verlag, 2016

Kellermann, Paul, (Soziologie des Geldes, 2014): Soziologie des Geldes; Grundlegende und zeithistorische Einsichten, Wiesbaden: Springer Fachmedien, 2014

Lesch, Thies, (Das Kreditgeschäft, 2017): Negative Zinsen und das Kreditgeschäft; Rechtliche Herausforderungen für Banken in Deutschland, Wiesbaden: Springer Fachmedien, 2017

Michler, Albrecht F., Thieme, H. Jörg, (Finanzmarktkrise, 2009): Finanzmarktkrise: Marktversagen oder Staatsversagen?, in: Leschke, M., Molsberger, J., et al (Hrsg.), Jahrbuch für die Ordnung von Wirtschaft und Gesellschaft, 2009, S. 185 – 221, Bd. 60, Stuttgart, 2009

Münchau, Wolfgang, (Finanzsystem, 2008): Kernschmelze im Finanzsystem, München: Carl Hanser Verlag, 2008

O.V., (FMStG, 2008): Gesetz zur Umsetzung eines Maßnahmenpakets zur Stabilisierung des Finanzmarktes (Finanzmarktstabilisierungsgesetz – FMStG), in: Bundesgesetzblatt, (2008), Teil I, Nr. 46, S. 1982 - 1989

Reifner, Udo, (Die Finanzkrise, 2017): Die Finanzkrise; Für ein Wucher- und Glücksspielverbot, Wiesbaden: Springer Fachmedien, 2017

Scheller, Hanspeter K., (European Central Bank, 2006): The European Central Bank, Frankfurt am Main: European Central Bank, 2006

Schuppan, Norbert, (Globale Rezession, 2011): Globale Rezession; Ursachen, Zusammenhänge, Folgen, Wismar: Callidus. Verlag, 2011

Selchert, Friedrich W., (Windowdressing, 1996): Windowdressing – Grenzbereich der Jahresabschlussgestaltung, in: Der Betrieb: Betriebswirtschaft, Steuerrecht, Wirtschaftsrecht, Arbeitsrecht, Düsseldorf: Verl.-Gruppe Handelsblatt, 1996, S. 1933 - 1940

Sinn, Hans-Werner, (Kasino-Kapitalismus, 2009): Kasino-Kapitalismus; Wie es zur Finanzkrise kam, und was jetzt zu tun ist, Aufl. 2, Düsseldorf: Econ Verlag, 2009

Spangberg-Zepezauer, Anna Karin, (Bilanz- und Steuerpolitik, 2017): Geprüfter Betriebswirt (IHK) – Bilanz- und Steuerpolitik; Prüfungsvorbereitung, Aufl. 5, Wiesbaden: Springer Fachmedien, 2017

Straubhaar, Thomas, Vöpel, Henning, (Aufgaben EZB, 2012): Euro- und Finanzkrise: Sollte die EZB ihre Aufgabe über die Inflationsbekämpfung hinaus erweitern?, in: ifo Schnelldienst, (2012), Nr. 2, S. 4

Thun, Christian, (Geschäftsmodell Bank, 2016): Herausforderungen für das Geschäftsmodell Bank, in: Risiko Manager, Heft 1 (2016), Köln: Bank-Verlag, 2016, S. 1-5

Wahrenburg, Mark, (Kapitalregulierung, 2019): Die Reformen der Kapitalregulierung von Kreditinstituten seit der Finanzkrise, in: Zeitschrift für Bankrecht und Bankwirtschaft, Heft 3 (2019), Köln: RWS Verlag, S. 81 - 160

Weidmann, Jens, (Systemrelevante Finanzinstitute, 2011): Systemrelevante Finanzinstitute und Schattenbanken: Wie werden systematische Risiken begrenzt, in: Eingangsstatement auf dem CDU/CSU-Kongress zur Finanzmarktregulierung, Berlin 2011

Wildmoser, Gerhard, Schiffer, Jan, Langoth, Bernd, (Haftung von Ratingagenturen, 2009): Haftung von Ratingagenturen gegenüber Privatanlegern?, in: Recht der internationalen Wirtschaft, (2009), Nr. 10, S. 657

Zimmermann, Guido, (Schattenbanken, 2012): Die Finanzkrise – im Kern eine Einlagenkrise der Schattenbanken, in: Wirtschaftsdienst, Zeitschrift für Wirtschaftspolitik, 92, (2012), Nr. 2, S. 105 - 109

Internetquellenverzeichnis

Ariva.de, (EZB Leitzins, 2019): Leitzins Euro, EZB Chart, https://www.ariva.de/leitzins_euro_ezb/chart (Zugriff 2019-06-16, 18:36 MEZ)

BaFin, (MiFID II, MiFIR, 2017): MiFID II und MiFIR – Mehr Transparenz und mehr Anlegerschutz, https://www.bafin.de/DE/PublikationenDaten/Jahresbericht/Jahresbericht2017/Kapitel5/Kapitel5_1/Kapitel5_1_1/kapitel5_1_1_node.html (Zugriff 2019-05-23, 22:00 MEZ)

Bundesfinanzministerium, (Basel III, 2010): Basel III: Strengere Kapitalvorschriften für Banken, https://www.bundesfinanzministerium.de/Content/DE/Standardartikel/Service/Einfach_erklaert/2010-09-20-basel-III-strengere-kapitalvorschriften-fuer-banken.html (Zugriff 2019-05-27, 18:45 MEZ)

- (Was ist Basel III?, 2010): Was ist Basel III?, https://www.bundesfinanzministerium.de/Content/DE/Standardartikel/Service/Einfach_erklaert/2010-11-04-einfach-erklaert-basel-III-flash-infografik.html (Zugriff 2019-05-28, 01:30 MEZ)

Deutsche Bundesbank, (Eigenmittel, 2018): Eigenmittel, https://www.bundesbank.de/de/aufgaben/bankenaufsicht/einzelaspekte/eigenmittelanforderungen/eigenmittel/eigenmittel-597820 (Zugriff 2019-05-27, 21:04 MEZ)

Draghi, Mario, (Global Investment Conference in London, 2012): Verbatim of the remarks made by Mario Draghi at the Global Investment Conference in London, https://www.ecb.europa.eu/press/key/date/2012/html/sp120726.en.html (Zugriff 2019-06-13, 19:05 MEZ)

Europäische Zentralbank, (Gründung EZB, 2019): https://www.ecb.europa.eu/ecb/history/emu/html/index.de.html, (Zugriff 2019-05-13, 17:05 MEZ)

Haspa Finanzholding, (Unternehmen HASPA Finanzholding, 2019): Unternehmen HASPA Finanzholding, https http://www.haspa-finanzholding.de/unternehmen-57640/ (Zugriff 2019-06-14, 13:52 MEZ)

Haspa Finanzholding, (Unternehmen HASPA Finanzholding, 2019): Unternehmen HASPA Finanzholding, https http://www.haspa-finanzholding.de/unternehmen-57640/ (Zugriff 2019-06-14, 13:52 MEZ)

Hirschmann, Stefan, (Krisen- und Deflationsbekämpfung, 2014): Geldpolitik dient Krisen- und Deflationsbekämpfung, http://www.die-bank.de/news/geldpolitik-dient-krisen-und-deflationsbekaempfung-6618/ (Zugriff 2019-06-13, 18:05 MEZ)

Kock, Axel, (Herausforderung FinTechs, 2016): Herausforderung FinTechs; Der Untergang ist abgesagt, http://www.die-bank.de/home/der-untergang-ist-abgesagt-8308/ (Zugriff 2019-06-15, 13:56 MEZ)

Loesche, Dyfed, (US-Leitzinspolitik, 2017): US-Leitzinspolitik seit 2001, https://de.statista.com/infografik/9818/us-leitzins-und-jeweilige-praesidenten-der-us-notenbank/ (Zugriff 2019-06-01, 21:20 MEZ)

Smith, Noah, (Low Interest Rates, 2019): Low Interest Rates Might Be What's Hurting Growth, https://www.bloomberg.com/opinion/articles/2019-03-25/low-interest-rates-might-be-what-s-hurting-growth (Zugriff 2019-06-01, 21:10 MEZ)

Standard&Poor, (Case Schiller Index, 2019): Case-Schiller U.S. National Home Price Index, https://fred.stlouisfed.org/series/CSUSHPINSA (Zugriff 2019-06-10, 19:20 MEZ)

Stark, Jürgen, (Geld- und Fiskalpolitik, 2010): Geld- und Fiskalpolitik während und nach der Krise, vor dem Stuttgarter Steuerkongress, https://www.ecb.europa.eu/press/key/date/2010/html/sp101015.de.html (Zugriff 2019-06-01, 10:05 MEZ)